Y Llyfr Gweddi Gyffredin i'w arfer yn
yr Eglwys yng Nghymru

The Book of Common Prayer for use in
the Church in Wales

GWASANAETHAU BEDYDD
A CHONFFYRMASIWN
(BEDYDD ESGOB)

SERVICES FOR
CHRISTIAN INITIATION

Yr Llyfr Gweddi Gyffredin i'w arfer yn

yr Eglwys yng Nghymru

GWASANAETHAU BEDYDD

A CHONFFYRMASIWN

(BEDYDD ESGOB)

2006

*The Book of Common Prayer for use in
the Church in Wales*

SERVICES FOR
CHRISTIAN INITIATION

2006

CANTERBURY
PRESS
Norwich

Hawlfraint © Gwasg yr Eglwys yng Nghymru a
Chorff Cynrychiolwyr yr Eglwys yng Nghymru 2007

Cyhoeddwyd yn 2007 gan Canterbury Press Norwich
(Argraffnod o'r Hymns Ancient & Modern Cyf,
 elusen gofrestredig),
St Mary's Works, St Mary's Plain, Norwich, Norfolk, NR3 3BH
gwefan: www.scm-canterburypress.co.uk

Mae cofnod catalog o'r llyfr hwn ar gael yn y Llyfrgell Brydeinig

ISBN-13: 978 1 85311 758 9

Cynlluniwyd a chysodwyd mewn Perpetua
gan Simon Kershaw, crucix, gwefan: www.crucix.com

Caligraffeg y clawr gan Shirley Norman
Cynllun y clawr gan Leigh Hurlock

Argraffwyd a rhwymwyd ym Mhrydain Fawr gan William Clowes Cyf,
Beccles, Suffolk

Copyright © Church in Wales Publications and the
Representative Body of the Church in Wales 2007

Published in 2007 by the Canterbury Press Norwich
(a publishing imprint of Hymns Ancient & Modern Limited,
 a registered charity),
St Mary's Works, St Mary's Plain, Norwich, Norfolk, NR3 3BH
www.scm-canterburypress.co.uk

A catalogue record for this book is available from the British Library

ISBN-13: 978 1 85311 758 9

Designed and typeset in Perpetua
by Simon Kershaw at crucix www.crucix.com

Cover calligraphy by Shirley Norman
Cover design by Leigh Hurlock

Printed and bound in Great Britain by William Clowes Ltd, Beccles, Suffolk

CYNNWYS

CONTENTS

1   Fel rheol, dylai'r Gwasanaeth Bedydd a/neu
    Gonffyrmasiwn ddigwydd yn ystod addoliad cyhoeddus
    y Sul.

2   Yr esgob bob amser fydd yn gweinyddu mewn
    gwasanaeth Bedydd gyda Chonffyrmasiwn [Bedydd
    Esgob]. Gall esgob neu offeiriad weinyddu Bedydd
    Cyhoeddus Babanod. Oni bydd esgob nac offeiriad ar gael,
    y mae'n gyfreithlon i ddiacon weinyddu Bedydd. (Gweler
    hefyd Nodyn 9 isod ar fedyddio mewn argyfwng.)

3   Defnyddir y term 'rhieni bedydd' i ddynodi'r rhai
    y gofynnwyd iddynt gyflwyno plant i'w bedyddio a
    pharhau i'w cefnogi. Defnyddir y termau 'cefnogwr' a
    'chefnogwyr' i ddynodi'r unigolyn neu'r unigolion a
    gytunodd i gefnogi ymgeiswyr (o ba oedran bynnag) am
    fedydd a/neu fedydd esgob. Nid oes rhaid i ymgeisydd
    ddewis rhiant bedydd yn gefnogwr. Rhaid i rieni bedydd
    a chefnogwyr fod yn Gristnogion bedyddiedig, a byddai'n
    ddymunol pe byddent yn gymunwyr cyson yn yr Eglwys
    yng Nghymru neu mewn Eglwys sydd mewn cymundeb
    â hi.

4   Dylid defnyddio'r Colect a'r Darlleniadau priodol ar
    y Suliau a'r Gwyliau a restrir yng ngrwpiau I a II yn y
    Calendr Newydd (2003). Ar achlysuron eraill, gellir
    defnyddio'r Colect a'r Darlleniadau a restrir yn y Drefn
    ar gyfer Bedydd gyda Chonffyrmasiwn [Bedydd Esgob] ac
    yn y Drefn ar gyfer Bedydd Cyhoeddus Babanod.

5   Y mae gweinyddu dŵr y bedydd deirgwaith (naill
    ai trwy drochiad neu daenelliad) yn hen arfer yn yr
    Eglwys, ac fe'i hargymhellir am ei bod yn tystio i'r ffydd
    Drindodaidd y bedyddir ymgeiswyr iddi. Fodd bynnag, y
    mae'n gyfreithlon ac yn ddilys gweinyddu dŵr y bedydd
    unwaith yn unig. Peth dymunol yw defnyddio cryn dipyn
    o ddŵr; dylai'r dŵr o leiaf lifo dros groen yr ymgeisydd.

6   Onid yw'n sicr a fedyddiwyd neb â dŵr yn Enw'r Tad a'r
    Mab a'r Ysbryd Glân, ffurf y geiriau yn y bedydd fydd:
    'E, oni'th fedyddiwyd di eisoes, yr wyf yn dy fedyddio yn
    Enw'r Tad a'r Mab a'r Ysbryd Glân. **Amen.**'

1   Christian Initiation should normally take place in the course of public worship on a Sunday.

2   The minister of Baptism with Confirmation is always a bishop. The minister at the Public Baptism of Infants may be a bishop or a priest. In the absence of either, it is lawful for a deacon to baptize. (See also Note 9 below on emergency baptism.)

3   The term 'godparents' is used to denote those asked to present children for baptism and to continue to support them. The terms 'sponsor' and 'sponsors' are used to denote the person or persons who agree to support candidates (of any age) for baptism and/or confirmation. It is not necessary for a candidate to have the same person as godparent and sponsor. Godparents and sponsors must be baptized Christians, and it is desirable that they should be regular communicants of the Church in Wales or of a Church in communion with it.

4   The proper Collect and Readings should be used on the Sundays and Holy Days listed in groups I and II in the New Calendar (2003). On other occasions, the Collect and Readings listed in the Orders for Baptism with Confirmation and the Public Baptism of Infants may be used.

5   The threefold administration of the baptismal water (by dipping or pouring) is an ancient practice of the Church and is commended as testifying to the Trinitarian faith in which candidates are baptized. A single administration is, however, lawful and valid. The use of a substantial amount of water is desirable; water must at least flow on the skin of the candidate.

6   If it is not certain whether a person has been baptized with water in the Name of the Father, and of the Son, and of the Holy Spirit, the form of words at the baptism shall be: 'N, if you have not already been baptized, I baptize you in the Name of the Father, and of the Son, and of the Holy Spirit. **Amen.**'

7   Bendithir yr olewau sanctaidd gan yr esgob yn ystod
     Tymor y Dioddefaint bob blwyddyn. Yn y Gwasanaethau
     hyn, gellir dewis eu defnyddio neu beidio.

8   Awgrymir defnyddio emynau, salmau a chaneuon addas
     eraill, fel y mae'n gymwys i'r amgylchiadau lleol, yn rhai
     o'r mannau a ganlyn yn y gwasanaeth, neu yn y cyfan
     ohonynt: wrth i'r gweinidogion ddod i mewn, rhwng y
     darlleniadau, ar ôl y Nodi â'r Groes (onid yw'r esgob
     neu'r offeiriad sy'n gweinyddu, yr ymgeiswyr a'u rhieni
     bedydd/cefnogwyr eisoes wrth y fedyddfan) ac yn ystod
     cynnau a rhannu'r canhwyllau bedydd, yn enwedig pan
     dderbyniodd nifer fawr o ymgeiswyr fedydd neu fedydd a
     bedydd esgob.

9   Mewn argyfwng, gall person lleyg weinyddu bedydd.
     Rhoddir manylion ychwanegol yn Atodiad 1 i'r *Drefn
     ar gyfer Bedydd gyda Chonffyrmasiwn [Bedydd Esgob]* ac
     Atodiad 1 i'r *Drefn ar gyfer Bedydd Cyhoeddus Babanod*.

7   The holy oils are blessed each year by the bishop during Passiontide. Their use in these Orders is optional.

8   The use of hymns, psalms and other suitable songs is suggested, as appropriate to local circumstances, at any or all of the following points: during the entry of the ministers, between the readings, after the Signing with the Cross (unless the officiating bishop or priest, the candidates and their sponsors/godparents are already at the font) and during the lighting and distribution of baptismal candles, particularly when a large number of candidates has been baptized or baptized and confirmed.

9   In an emergency, a layperson may be the minister of baptism. Further details are given in Appendix 1 to the *Order for Baptism and Confirmation* and Appendix 1 to the *Order for the Public Baptism of Infants*.

TREFN AR GYFER BEDYDD CYHOEDDUS BABANOD

AN ORDER FOR THE PUBLIC BAPTISM OF INFANTS

STRWYTHUR Y DREFN AR GYFER
BEDYDD CYHOEDDUS BABANOD

Y mae strwythur llawn y Drefn ar gyfer Bedydd Cyhoeddus
Babanod *fel a ganlyn.*
Cyfeirier at y Nodiadau am wybodaeth fanwl.
Ni raid defnyddio'r eitemau a farciwyd gyda *.*

1   **Y DOD YNGHYD**
    Cyfarchion
    * Brawddeg o'r Ysgrythur ac ymateb
    Cyflwyno'r Ymgeiswyr
    Colect

2   **CYHOEDDI'R GAIR**
    Darlleniad o'r Hen Destament
    Salm
    Darlleniad o'r Testament Newydd
    Efengyl
    Pregeth

3   **LITWRGI BEDYDD**
    1   Y Penderfyniad
    2   Y Nodi â'r Groes
    3   Y Gyffes Ffydd
    4   Bendithio Dŵr y Bedydd
    5   Y Bedyddio
    6   * Cyflwyno'r Goleuni

4   **Y TANGNEFEDD**

5   **CYMUN Y BEDYDD**   Neu   6   **GWEDDÏAU**
    Y Diolch   Gweddi'r Arglwydd
    Y Cymun   Gweddïau eraill

7   **YR ANFON ALLAN**
    Gweddi ôl-Gymun
    Bendith
    * Cyflwyno'r Goleuni
    Anfon allan

STRUCTURE OF THE ORDER FOR THE PUBLIC BAPTISM OF INFANTS

The full structure of the Order for the Public Baptism of Infants *is as follows.*
Refer to the Notes for detailed information.
*Items marked * are optional.*

1 THE GATHERING
Greeting
* Scripture sentence and response
Presentation of Candidates
Collect

2 THE PROCLAMATION OF THE WORD
Old Testament reading
Psalm
New Testament reading
Gospel
Sermon

3 THE LITURGY OF BAPTISM
1 The Decision
2 The Signing with the Cross
3 The Profession of Faith
4 The Blessing of the Baptismal Water
5 The Baptism
6 *The Giving of the Light

4 THE PEACE

5 THE BAPTISMAL EUCHARIST
The Thanksgiving
The Communion

Or

6 PRAYERS
The Lord's Prayer
Other prayers

7 THE SENDING OUT
Post-Communion Prayer
Blessing
*The Giving of the Light
Dismissal

Dylid darllen y Nodiadau hyn ar y cyd â'r Nodiadau Cyffredinol ar dudalen 8.

1   Y mae'n gyfrifoldeb ar Gristnogion i ddod â'u plant i dderbyn Bedydd Sanctaidd.

    Y mae rhieni plant a fedyddiwyd, yn gydgyfrifol, gyda'r rhieni bedydd a'r eglwys leol, am feithrin y plant yn y ffydd a'r bywyd Cristnogol. Dylid gwneud pob ymdrech i alluogi plant a fedyddiwyd i ddod yn aelodau gweithredol o'r gymdeithas sy'n addoli, i dderbyn hyfforddiant cymwys yn y ffydd Gristnogol, ac, yng nghyflawnder yr amser, i gael eu conffyrmio gan yr esgob.

2   Pan fo babanod i'w bedyddio, dylid gwneud trefniadau ymlaen llaw gydag offeiriad y plwyf. Dylai'r rhai sy'n dod â baban i'w fedyddio roi i'r offeiriad enwau o leiaf un tad bedydd ac un mam fedydd. Gall rhieni fod yn rhieni bedydd i'w plant eu hunain, ar yr amod fod o leiaf un rhiant bedydd arall. Rhaid i rieni bedydd fod yn Gristnogion bedyddiedig, a gorau oll os ydynt yn gymunwyr rheolaidd yn yr Eglwys yng Nghymru neu mewn Eglwys sydd mewn cymundeb â hi.

3   Dylid ymarfer cryn dipyn o hyblygrwydd a dychymyg parthed nifer y darlleniadau, eu hyd a'r dull o'u cyflwyno, a hefyd gyda golwg ar y bregeth.

    Dylid defnyddio o leiaf un darlleniad yn Adran 2. Pan weinyddir bedydd yn ystod y Cymun Bendigaid, dylid bob amser gynnwys darlleniad o'r Efengyl.

    Gall y gweinidog bregethu ar ddechrau neu ar ddiwedd Adran 1, neu ar ôl y darlleniadau yn Adran 2.

4   Yn Adran 3(2), gall y gweinidog wahodd rhieni a rhieni bedydd y plant i gymryd rhan yn y Nodi â'r Groes.

    Pan weinyddir Bedydd yn ystod y Cymun Bendigaid, gellir defnyddio un neu ragor o'r gweddïau o Adran 6 yn Adran 7.

5   Nid yw'n orfodol defnyddio'r olewau sanctaidd yn y Drefn hon. Os defnyddir yr olewau, gellir eneinio'r plant a fedyddir gyda'r olew olewydden pur a adwaenir fel olew disgyblion bedydd naill ai ar derfyn Adran 3(1), neu ynteu wrth arwyddo â'r groes yn Adran 3(2), a gellir defnyddio crism fel y nodir ar derfyn Adran 3(5).

These Notes should be read in conjunction with the General Notes on page 9.

1   It is the responsibility of Christians to bring their children to Holy Baptism.
      The parents of baptized children, the godparents and the local church are together responsible for the children's nurture in Christian faith and life. Every effort should be made to enable baptized children to become active members of the worshipping community, to receive appropriate instruction in the Christian faith and in due course to be confirmed by the bishop.

2   When infants are to be baptized, prior arrangements should be made with the parish priest. Those bringing an infant to baptism should give the names of at least one godfather and one godmother to the parish priest. Parents may be godparents for their own child, provided that there is at least one other godparent. Godparents must be baptized Christians, and it is desirable that they should be regular communicants of the Church in Wales or of a Church in communion with it.

3   Considerable flexibility and imagination should be exercised over the number, length and presentation of the readings and in connection with the sermon.
      At least one reading should be used in Section 2. When baptism is administered at a celebration of the Holy Eucharist, a Gospel reading should always be included. The minister may preach at the beginning or end of Section 1, or after the readings in Section 2.

4   In Section 3(2), the minister may invite the child's parents and godparents to take part in the Signing with the Cross.
      When baptism is administered at the Holy Eucharist, one or more of the prayers from Section 6 may be used in Section 7.

5   The use of the holy oils in this Order is optional. If the oils are used, the children being baptized may be anointed with the pure olive oil known as the oil of catechumens either at the end of Section 3(1) or at the signing with the cross in Section 3(2), and chrism may be used as indicated at the end of Section 3(5).

TREFN AR GYFER BEDYDD CYHOEDDUS BABANOD

1 ## Y DOD YNGHYD

Y mae'r gweinidog yn croesawu'r teulu ac yn sôn wrthynt am lawenydd arbennig yr achlysur hwn.

Yn Enw'r Tad,
a'r Mab,
a'r Ysbryd Glân.
Amen.

Gras a thangnefedd a fo gyda chwi
a'th gadw di yng nghariad Crist.

Neu, yn Nhymor y Pasg
Alelwia! Atgyfododd Crist.
Atgyfododd yn wir. Alelwia!

Gall y gweinidog gyflwyno'r gwasanaeth gydag un o'r canlynol.

Naill ai
Gorchmynnodd ein Harglwydd Iesu Grist, 'Ewch, a gwnewch ddisgyblion o'r holl genhedloedd, gan eu bedyddio hwy yn Enw'r Tad a'r Mab a'r Ysbryd Glân.'
I Dduw y bo'r diolch.

Neu
Trwy fedydd fe'n claddwyd gyda Christ i'w farwolaeth, fel, megis y cyfodwyd Crist oddi wrth y meirw mewn amlygiad o ogoniant y Tad, y byddai i ninnau gael byw ar wastad bywyd newydd.
I Dduw y bo'r diolch.

Neu
Pan fedyddiwyd Crist yn afon Iorddonen, disgynnodd yr Ysbryd megis colomen, a llefarodd y Tad, gan ddweud, 'Ti yw fy Mab, yr Anwylyd; ynot ti yr wyf yn ymhyfrydu.'
I Dduw y bo'r diolch.

AN ORDER FOR THE
PUBLIC BAPTISM OF INFANTS

1 *THE GATHERING*

The minister welcomes the family and speaks to them of the special joy of this occasion.

> In the Name of the Father,
> and of the Son,
> and of the Holy Spirit.
> **Amen.**

> Grace and peace be with you
> **and keep you in the love of Christ.**

Or, in Eastertide
> Alleluia! Christ is risen.
> **He is risen indeed. Alleluia!**

The minister may introduce the service with one of the following.

Either
> Our Lord Jesus Christ commanded, 'Go and make disciples of all nations, baptizing them in the Name of the Father, and of the Son, and of the Holy Spirit.'
> **Thanks be to God.**

Or
> We were buried with Christ through baptism into his death, that just as Christ was raised from the dead by the glory of the Father, so we should walk in newness of life.
> **Thanks be to God.**

Or
> When Christ was baptized in the Jordan, the Spirit descended like a dove and the Father spoke, saying, 'You are my beloved Son in whom I am well pleased.'
> **Thanks be to God.**

Yna, y mae'r gweinidog yn annerch y rhieni
> Beth a ofynnwch gan Eglwys Dduw?
> **Yr ydym yn gofyn am i'r plentyn hwn gael ei fedyddio.**
> Pa enw yr ydych wedi ei roi i'ch plentyn?

Dywed y rhieni enw'r plentyn wrth y gweinidog.

Â'r gweinidog rhagddo â'r geiriau hyn, neu eiriau cyffelyb
> Y mae bedyddio ei haelodau newydd yn achlysur o
> lawenydd mawr i'r Eglwys Gristnogol. Trwy ddŵr a'r
> Ysbryd fe'n hailenir ni yn blant Duw, a'n gwneud yn
> ddilynwyr Crist, yn aelodau o'i gorff ef, yr Eglwys, ac yn
> etifeddion teyrnas nefoedd. A wnewch chwi dderbyn y
> pethau hyn i *E*?
> **Gwnawn.**
>
> Wrth ofyn am i *E* gael ei *f/bedyddio*, yr ydych yn derbyn
> cyfrifoldeb am ei *f/magu* yn Gristion. Wrth ofalu
> *amdano/i*, a wnewch chwi ei *g/chynorthwyo* i gadw
> gorchmynion Duw trwy garu Duw a chymydog fel y
> dysgodd Crist ni? A wnewch chwi weddïo *drosto/i*, a'i *dd/
> denu*, drwy eich esiampl eich hun, i gymdeithas y ffydd?
> **Gyda chymorth Duw, fe wnawn.**

Y mae'r gweinidog yn annerch y rhieni bedydd
> A wnewch chwi gefnogi rhieni *E* a'u cynorthwyo i wneud
> y pethau hyn?
> **Gyda chymorth Duw, fe wnawn.**

Y mae'r gweinidog yn annerch yr holl gynulleidfa
> A wnewch chwi groesawu *E* a gwneud eich gorau i'w
> *g/chynnal* yn ei *f/bywyd* yng Nghrist?
> **Gyda chymorth Duw, fe wnawn.**

*Ac eithrio ar yr achlysuron a nodir yn Nodyn Cyffredinol 4,
defnyddir y Colect a ganlyn*
> Dad nefol,
> trwy rym dy Ysbryd Glân
> yr wyt yn rhoddi i'th bobl ffyddlon
> fywyd newydd yn nŵr y bedydd:
> cyfarwydda a chyfnertha ni trwy'r un Ysbryd,
> fel y bo i ni a ailenir dy wasanaethu mewn ffydd a chariad
> a thyfu i lawn faintioli dy Fab Iesu Grist,
> sy'n byw ac yn teyrnasu gyda thi a'r Ysbryd Glân,
> yn un Duw, yn awr a byth.
> **Amen.**

The minister then addresses the parents
What do you ask of the Church of God?
We ask that this child may be baptized.
What name have you given your child?

The parents tell the minister the child's name.

The minister continues
The baptism of its new members is an occasion of great
joy for the Christian Church. By water and the Spirit, we
are reborn as God's children, and are made followers of
Christ, members of his body, the Church, and inheritors
of the kingdom of heaven. Will you accept these things
for *N*?
We will.

In asking for *N* to be baptized, you are accepting the
responsibility of bringing *him/her* up as a Christian. In
caring for *him/her*, will you help *him/her* to keep God's
commandments by loving God and neighbour as Christ
has taught us? Will you pray for *him/her*, and draw *him/
her* by your own example into the community of faith?
With the help of God, we will.

The minister addresses the godparents
Will you support and help *N*'s parents in doing these things?
With the help of God, we will.

The minister addresses the whole congregation
Will you welcome *N* and do your best to uphold *him/her*
in *his/her* life in Christ?
With the help of God, we will.

*Except on the occasions specified in General Note 4, the following
Collect is used*
Heavenly Father,
by the power of your Holy Spirit
you give to your faithful people
new life in the water of baptism:
guide and strengthen us by the same Spirit,
that we who are born again may serve you in faith and love
and grow into the full stature of your Son Jesus Christ,
who is alive and reigns with you and the Holy Spirit,
one God, now and for ever.
Amen.

CYHOEDDI'R GAIR

Ac eithrio ar yr achlysuron a nodir yn Nodyn Cyffredinol 4, gellir dewis darlleniadau addas o blith y rhai a restrir isod. Gweler hefyd Nodyn 3.

Darlleniad o'r Hen Destament

Genesis 7.17-23	*Y Dilyw*
Exodus 14.19-31	*Croesi'r Môr Coch*
Deuteronomium 30.15-20	*Dewis rhwng dwy ffordd*
2 Brenhinoedd 5.1-15a	*Iacháu Naaman*
Eseia 44.1-5	*Yr addewid i was Duw*
Eseia 55.1-11	*Gwahodd y sychedig*
Jeremeia 31.31-34	*Y cyfamod newydd*
Eseciel 36.25-28	*Calon newydd, ysbryd newydd*

Wedyn gall y darllenydd ddweud
Naill ai

Gwrandewch ar yr hyn y mae'r Ysbryd
    yn ei ddweud wrth yr eglwys.
I Dduw y bo'r diolch.

Neu

Dyma air yr Arglwydd.
I Dduw y bo'r diolch.

Darlleniad o'r Testament Newydd

Actau 16.25-34	*Ceidwad y carchar yn Philipi*
Rhufeiniaid 6.3-11	*Marw a chyfodi yng Nghrist*
Rhufeiniaid 8.11-17	*Ysbryd mabolaeth*
1 Corinthiaid 12.12-13	*Un corff yng Nghrist*
Galatiaid 4.3-7	*Abba, Dad*
Galatiaid 5.16-25	*Cnawd ac Ysbryd*
1 Pedr 2.4-10	*Pobl Dduw*

Wedyn gall y darllenydd ddweud
Naill ai

Gwrandewch ar yr hyn y mae'r Ysbryd
    yn ei ddweud wrth yr eglwys.
I Dduw y bo'r diolch.

Neu

Dyma air yr Arglwydd.
I Dduw y bo'r diolch.

2 THE PROCLAMATION OF THE WORD

Except on the occasions specified in General Note 4, appropriate readings may be selected from those listed below. See also Note 3.

An Old Testament Reading

Genesis 7.17-23	*The Flood*
Exodus 14.19-31	*The crossing of the Red Sea*
Deuteronomy 30.15-20	*The choice of two ways*
2 Kings 5.1-15a	*The healing of Naaman*
Isaiah 44.1-5	*The promise to the servant of God*
Isaiah 55.1-11	*An invitation to the thirsty*
Jeremiah 31.31-34	*The new covenant*
Ezekiel 36.25-28	*New heart, new spirit*

The reader may then say
Either

Hear what the Spirit is saying to the church.
Thanks be to God.

Or

This is the word of the Lord.
Thanks be to God.

A New Testament Reading

Acts 16.25-34	*The jailer at Philippi*
Romans 6.3-11	*Dying and rising in Christ*
Romans 8.11-17	*The spirit of sonship*
1 Corinthians 12.12-13	*The one body*
Galatians 4.3-7	*Abba, Father*
Galatians 5.16-25	*Flesh and Spirit*
1 Peter 2.4-10	*The people of God*

The reader may then say
Either

Hear what the Spirit is saying to the church.
Thanks be to God.

Or

This is the word of the Lord.
Thanks be to God.

Yr Efengyl

Gwrandewch Efengyl Crist yn ôl Sant ...
Gogoniant i ti, O Arglwydd.

Mathew 16.24-27	*Disgyblion Crist*
Mathew 28.16-20	*Y comisiwn olaf*
Marc 1.1-11	*Bedydd Iesu*
Marc 1.14-20	*Y disgyblion cyntaf*
Marc 10.13-16	*Bendithio'r plant*
Ioan 3.1-8	*Nicodemus*
Ioan 15.1-11	*Y wir winwydden*

Dyma Efengyl yr Arglwydd.
Moliant i ti, O Grist.

Y Bregeth

Ni ddywedir y Gyffes Ffydd yma.

The Gospel

Listen to the gospel of Christ according to Saint ...
Glory to you, O Lord.

Matthew 16.24-27	*The disciples of Christ*
Matthew 28.16-20	*The final commission*
Mark 1.1-11	*The baptism of Jesus*
Mark 1.14-20	*The first disciples*
Mark 10.13-16	*Blessing the children*
John 3.1-8	*Nicodemus*
John 15.1-11	*The true vine*

This is the Gospel of the Lord.
Praise to you, O Christ.

The Sermon

The Affirmation of Faith is not said at this point.

3

LITWRGI BEDYDD

1 Y Penderfyniad

Y mae'r gweinidog yn annerch y rhieni a'r rhieni bedydd
    Yr ydych wedi datgan eich dymuniad ar i *E* gael ei
    f'*bedyddio*. Yr ydym, felly, yn eich gwahodd yn awr i
    ymateb i alwad Crist.

    A ydych yn troi at Grist?
    Yr wyf yn troi at Grist.

    A ydych yn edifarhau am eich pechodau?
    Yr wyf yn edifarhau am fy mhechodau.

    A ydych yn ymwrthod â'r drwg?
    Yr wyf yn ymwrthod â'r drwg.

    Dad hollalluog,
    anfonaist dy Fab i'n byd
    i ddinistrio galluoedd y tywyllwch.
    Gwrando ein gweddi dros y *plant hyn*:
    Gwared *hwy* rhag drwg,
    dyro *iddynt* oleuni a llawenydd
    a llanw *hwy* â'th Ysbryd Glân,
    trwy Iesu Grist ein Harglwydd.
    Amen.

*Os defnyddir olew disgyblion bedydd, gellir eneinio ag ef bob plentyn
sydd i'w fedyddio naill ai yn y fan hon neu ynteu wrth ei nodi â'r groes.*

2 Y Nodi â'r Groes

Â'r gweinidog rhagddo
    Trwy ei groes a'i werthfawr waed, fe brynodd ein
    Harglwydd Iesu Grist y byd. Dywedodd wrthym, os oes
    neb am fod yn ddilynwyr iddo ef, fod yn rhaid iddynt
    ymwadu â hwy eu hunain, codi eu croes, a'i ganlyn ef
    ddydd ar ôl dydd.

Gwneir arwydd y groes ar dalcen pob un sydd i'w fedyddio.
    E, yr wyf yn dy nodi ag arwydd y groes ac yn dy hawlio di
    i'n Hiachawdwr Iesu Grist.

THE LITURGY OF BAPTISM

1 The Decision

The minister addresses the parents and godparents
You have declared your wish for *N* to be baptized. We
therefore now invite you to respond to Christ's call.

Do you turn to Christ?
I turn to Christ.

Do you repent of your sins?
I repent of my sins.

Do you renounce evil?
I renounce evil.

Almighty Father,
you sent your Son into the world
to destroy the powers of darkness.
Hear our prayer for *these children*:
deliver *them* from evil,
give *them* light and joy
and fill *them* with your Holy Spirit,
through Jesus Christ our Lord.
Amen.

*If the oil of catechumens is used, each child who is to be baptized may
be anointed with it either at this point or while being signed with
the cross.*

2 The Signing with the Cross

The minister continues
By his cross and precious blood, our Lord Jesus Christ
has redeemed the world. He has told us that, if any want
to become his followers, they must deny themselves, take
up their cross and follow him day by day.

*The sign of the cross is made on the forehead of each child who is to
be baptized.*
N, I sign you with the sign of the cross and claim you for
our Saviour Jesus Christ.

Ar ôl nodi ag arwydd y groes bob plentyn sydd i'w fedyddio, â'r
gweinidog rhagddo
> Na fydded *arnoch / arnat* gywilydd byth
> i gyffesu ffydd y Crist croeshoeliedig.

Pawb
> **Ymladd***wch* **yn wrol yn erbyn pechod, y byd a'r diafol,**
> **a bydd***wch* **ffyddlon i Grist tra** *byddi / byddwch* **byw.**
> **Amen.**

3 Cyffesu'r Ffydd

Wrth y fedyddfan, y mae'r gweinidog yn annerch y rhieni a'r rhieni bedydd
> Fe'ch gwahoddwn yn awr i gyffesu'r ffydd Gristnogol.

> A ydych yn credu yn Nuw Dad, Creawdwr pob peth?
> **Yr wyf yn credu ac yn ymddiried yn Nuw Dad.**

> A ydych yn credu yn ei Fab Iesu Grist, Gwaredwr y byd?
> **Yr wyf yn credu ac yn ymddiried yn Nuw Fab.**

> A ydych yn credu yn yr Ysbryd Glân, Rhoddwr bywyd?
> **Yr wyf yn credu ac yn ymddiried yn Nuw'r Ysbryd Glân.**

Y mae'r gweinidog yn annerch y gynulleidfa
> Dyma ffydd yr Eglwys.
> **Dyma ein ffydd ni.**
> **Yr ydym yn credu ac yn ymddiried yn un Duw,**
> **Tad, Mab ac Ysbryd Glân.**

4 Bendithio Dŵr y Bedydd

Defnyddia'r gweinidog un o'r ffurfiau a ganlyn.

Naill ai
> Diolchwn i ti, O Dduw:
> **bendithiwn dy enw sanctaidd.**

> Am dy rodd o ddŵr, i feithrin a chynnal pob bywyd:
> **rhoddwn iti ddiolch a moliant.**

> Trwy ddyfroedd y môr
> arweiniaist blant Israel o gaethwasiaeth i ryddid;
> **rhoddwn iti ddiolch a moliant.**

> Ar achlysur ei fedydd,
> eneiniwyd dy Fab Iesu â'r Ysbryd Glân;
> **rhoddwn iti ddiolch a moliant.**

When all the children to be baptized have been signed with the cross,
the minister continues

Never be ashamed to confess the faith of Christ crucified.

All

Fight valiantly against sin, the world and the devil,
and remain faithful to Christ to the end of your life.
Amen.

3 The Profession of Faith

At the font, the minister addresses the parents and godparents

We invite you now to profess the Christian faith.

Do you believe in God the Father, the Creator of all?
I believe and trust in God the Father.

Do you believe in his Son Jesus Christ, the Saviour of the world?
I believe and trust in God the Son.

Do you believe in the Holy Spirit, the Lord, the Giver of life?
I believe and trust in God the Holy Spirit.

The minister addresses the congregation

This is the faith of the Church.
This is our faith.
We believe and trust in one God,
Father, Son and Holy Spirit.

4 The Blessing of the Baptismal Water

The minister uses one of these forms.

Either

We give thanks to you, O God:
we bless your holy name.

For your gift of water to nourish and sustain all life:
we give you thanks and praise.

Through the waters of the sea
you led the children of Israel from slavery to freedom:
we give you thanks and praise.

At his baptism,
your Son Jesus was anointed with the Holy Spirit:
we give you thanks and praise.

Trwy rym yr un Ysbryd, sancteiddia'r dŵr hwn,
fel y bo i'th blant a olchir ynddo
gael eu huno â Christ yn ei farwolaeth a'i atgyfodiad.
Glanha hwy, a'u gwared rhag pob pechod;
dwg hwy i enedigaeth newydd yn nheulu dy Eglwys,
a gwna hwy'n etifeddion dy deyrnas:
trwy Iesu Grist ein Harglwydd,
a gyfodaist, trwy rym yr Ysbryd,
i fyw gyda thi am byth.
Amen.

Neu

Molwch Dduw, a wnaeth nefoedd a daear,
sy'n cadw ei addewid hyd byth.

Dad nefol, diolchwn i ti
am dy gariad yn y cread
ac am y rhodd o ddŵr
i gynnal a glanhau ac adnewyddu pob creadur byw.

Diolchwn iti am y cyfamod a wnaethost
â'th bobl yn y dyddiau a fu;
tywysaist hwy trwy'r môr o gaethwasiaeth i ryddid.

Diolchwn iti am i'th Fab Iesu
gael ei fedyddio gan Ioan yn nyfroedd yr Iorddonen,
a'i eneinio â'r Ysbryd Glân.
Trwy ei farwolaeth ar y groes a'i atgyfodiad,
daeth â maddeuant inni, a'n rhyddhau.

Diolchwn iti am dy fod yn nyfroedd y bedydd
yn ein glanhau o bechod,
yn ein hadnewyddu â'th Ysbryd
ac yn ein cyfodi i fywyd newydd.

Sancteiddia'r dŵr hwn, fel y bo i'th blant a olchir ynddo
gael eu gwneud yn un â Christ.
Er cyflawni d'addewid
eneinia hwy â'th Ysbryd Glân;
dwg hwy i enedigaeth newydd yn nheulu dy Eglwys,
a dyro iddynt ran yn dy deyrnas:
trwy Iesu Grist ein Harglwydd,
a gyfodaist, trwy rym yr Ysbryd,
i fyw gyda thi am byth.
Amen.

Through the power of that same Spirit, sanctify this water
that your children who are washed in it
may be united with Christ in his death and resurrection.
Cleanse and deliver them from all sin;
bring them to new birth in the family of your Church
and make them inheritors of your kingdom:
through Jesus Christ our Lord
whom, by the power of the Spirit,
you raised to live with you
for ever and ever.
Amen.

Or

Praise God who made heaven and earth:
who keeps his promise for ever.

Heavenly Father, we thank you
for your love in creation
and for the gift of water
to sustain, cleanse and refresh all living creatures.

We thank you for the covenant you made
with your people of old:
you led them through the sea from slavery to freedom.

We thank you that, in the waters of the Jordan,
your Son Jesus was baptized by John
and anointed with the Holy Spirit.
By his death on the cross and his resurrection,
he has brought us forgiveness and set us free.

We thank you that in the waters of baptism
you cleanse us from sin,
renew us by your Spirit
and raise us to new life.

Sanctify this water so that your children who are washed in it
may be made one with Christ.
In fulfilment of your promise,
anoint them with your Holy Spirit,
bring them to new birth in the family of your Church
and give them a share in your kingdom:
through Jesus Christ our Lord
whom, by the power of the Spirit,
you raised to live with you
for ever and ever.
Amen.

5 Y Bedyddio

Y mae'r gweinidog yn bedyddio pob plentyn, gan ddweud
  E, yr wyf yn dy fedyddio di yn Enw'r Tad a'r Mab
  a'r Ysbryd Glân.
  Amen.

*Gall y gweinidog eneinio pob plentyn â chrism ar y corun, gan
ddweud*
  Bydded i Dduw, a'th dderbyniodd di trwy fedydd i'w
  Eglwys, dywallt arnat olud ei ras. Megis yr eneiniwyd
  Crist yn offeiriad, yn broffwyd ac yn frenin, cydffurfier di
  beunydd â'i ddelw ef.
  Amen.

*Gall y gweinidog neu aelod o'r gynulleidfa wisgo pob plentyn sydd
newydd ei fedyddio mewn gwisg wen, gan ddweud*
  Gwisgwyd di â Christ a'th gyfodi i fywyd newydd
  ynddo ef.

6 Cyflwyno'r Goleuni

*Os cynhwysir hyn, gellir ei wneud naill ai yn y fan hon neu ynteu yn
yn y fan a nodir yn Adran 7 isod.*

*Gall y gweinidog neu aelod o'r gynulleidfa roi cannwyll wedi ei
chynnau i bob un sydd newydd ei fedyddio.*

  Derbyniaist oleuni Crist;
  rhodia yn ei oleuni holl ddyddiau dy fywyd.
  **Llewyrcha fel goleuni yn y byd
  er gogoniant i Dduw'r Tad.**

5 The Baptism

The minister baptizes each child, saying

N, I baptize you in the Name of the Father, and of the Son, and of the Holy Spirit.
Amen.

The minister may anoint each child on the crown of the head with chrism, saying

May God, who has received you by baptism into his Church, pour upon you the riches of his grace. As Christ was anointed priest, prophet and king, may you daily be conformed to his image.
Amen.

The minister or a member of the congregation may clothe each of the newly baptized children in a white garment, saying

You have been clothed with Christ and raised to new life in him.

6 The Giving of the Light

If included, this may be done either at this point or at the point indicated in Section 7 below.

The minister or a member of the congregation may give a lighted candle to each of the newly baptized.

You have received the light of Christ;
walk in this light all the days of your life.
**Shine as a light in the world
to the glory of God the Father.**

4 Y TANGNEFEDD

Gellir darllen brawddeg addas o'r Ysgrythur.

Tangnefedd yr Arglwydd a fyddo gyda chwi bob amser.
A hefyd gyda thi.

Gellir cyfnewid arwydd tangnefedd.

5 CYMUN Y BEDYDD

*Ac eithrio ar yr achlysuron a nodir yn Nodyn Cyffredinol 4, gellir
defnyddio un o'r rhaglithiau a ganlyn:*

... A esgynnodd i'w orsedd nefol ar dy ddeheulaw di;
trwyddo yr wyt yn tywallt
dy Ysbryd Glân ar dy bobl:
Ysbryd doethineb a deall,
Ysbryd cyngor a grym,
Ysbryd gwybodaeth a gwir dduwioldeb
ac ofn yr Arglwydd.

... Trwy ei farwolaeth a'i atgyfodiad
fe'n gwnaeth ni'n blant y goleuni.
Yn y bedydd yr ydym yn cyfranogi o addewid ei ogoniant,
ac fe'n llenwir â llawenydd na dderfydd byth.

... Anfonaist ef i fod yn Waredwr y byd,
ac y mae ef yn ein hanfon ninnau i gyhoeddi'r newyddion da
a hysbysu ffordd y gwirionedd.

Ar ôl y Cymun, bydd y gwasanaeth yn diweddu ag Adran 7.

THE PEACE

An appropriate sentence of Scripture may be read.

The peace of the Lord be with you always.
And also with you.

A sign of peace may be exchanged.

THE BAPTISMAL EUCHARIST

*Except on the occasions specified in General Note 4, one of the
following prefaces may be used.*

... Who ascended to his heavenly throne at your right hand
and through whom you pour out
the Holy Spirit upon your people:
the Spirit of wisdom and understanding,
the Spirit of counsel and might,
the Spirit of knowledge and true godliness
and of the fear of the Lord.

... Who, through his death and resurrection
has made us children of the light.
In baptism we share the promise of his glory,
and are filled with a joy that never ends.

... You sent him to be the Saviour of the world,
and he sends us to proclaim the good news
and to make known the way of truth.

After Communion, the service concludes with Section 7.

6 GWEDDÏAU

Oni weinyddir y Cymun Bendigaid, bydd y gwasanaeth yn diweddu gyda Gweddi'r Arglwydd, ynghyd ag un neu ragor o weddïau addas eraill, a dilynir hynny gan y fendith a'r anfon allan yn Adran 7.

Naill ai

Gweddïwn yn hyderus ar y Tad:

Ein Tad yn y nefoedd,
sancteiddier dy enw,
deled dy deyrnas,
gwneler dy ewyllys,
ar y ddaear fel yn y nef.
Dyro inni heddiw ein bara beunyddiol;
a maddau inni ein troseddau,
fel yr ŷm ni wedi maddau
i'r rhai a droseddodd yn ein herbyn;
a phaid â'n dwyn i brawf,
ond gwared ni rhag yr Un drwg.

Oherwydd eiddot ti yw'r deyrnas
a'r gallu a'r gogoniant
am byth.
Amen.

Neu

Fel y dysgodd ein Hiachawdwr ni, gweddïwn yn hyderus:

Ein Tad,
yr hwn wyt yn y nefoedd,
sancteiddier dy enw,
deled dy deyrnas,
gwneler dy ewyllys;
megis yn y nef, felly ar y ddaear hefyd.
Dyro i ni heddiw ein bara beunyddiol
a maddau i ni ein dyledion,
fel y maddeuwn ninnau i'n dyledwyr.
Ac nac arwain ni i brofedigaeth;
eithr gwared ni rhag drwg.

Canys eiddot ti yw'r deyrnas,
a'r gallu, a'r gogoniant,
yn oes oesoedd.
Amen.

PRAYERS

If the Holy Eucharist is not celebrated, the service concludes with
the Lord's Prayer and one or more of the prayers provided here, or
other appropriate prayers, followed by the blessing and dismissal from
Section 7.

Either

Let us pray with confidence to the Father:

Our Father in heaven,
hallowed be your name,
your kingdom come,
your will be done,
on earth as in heaven.
Give us today our daily bread.
Forgive us our sins
as we forgive those
who sin against us.
Save us from the time of trial
and deliver us from evil.

For the kingdom, the power
and the glory are yours,
now and for ever.
Amen.

Or

As our Saviour taught us, we boldly pray:

Our Father who art in heaven,
hallowed be thy name,
thy kingdom come,
thy will be done,
on earth as it is in heaven.
Give us this day our daily bread.
And forgive us our trespasses
as we forgive those
who trespass against us.
And lead us not into temptation,
but deliver us from evil.

For thine is the kingdom,
the power and the glory,
for ever and ever.
Amen.

Dduw ffyddlon a chariadus,
bendithia'r rhai sy'n gofalu am y *plant hyn*
a dyro iddynt ddoniau cariad, doethineb a ffydd.
Tywallt arnynt gariad dy iachâd a'th gymod,
ac amddiffyn eu cartref rhag pob drwg.
Llanw hwy â goleuni dy bresenoldeb
a sefydla hwy yn llawenydd dy deyrnas,
trwy Iesu Grist ein Harglwydd.
Amen.

Dad nefol, rhannodd dy Fab gyda'r Fendigaid Forwyn Fair
a Sant Joseff fywyd cartref daearol yn Nasareth. Tywallt
dy fendith ar *gartrefi* dy *blant hyn*. Bydded *iddynt* dyfu
yn dy gariad a dysgu dy wasanaethu a gofalu am y rhai
sydd mewn angen, gan ddilyn yn ôl traed Iesu Grist, ein
Harglwydd.
Amen.

*Y mae'r gweddïau ôl-gymun yn Adran 7 yn addas i'w defnyddio yn y
fan hon.*

Faithful and loving God,
Bless those who care for *these children*
and grant them your gifts of love, wisdom and faith.
Pour upon them your healing and reconciling love,
and protect their home from all evil.
Fill them with the light of your presence
and establish them in the joy of your kingdom,
through Jesus Christ our Lord.
Amen.

Heavenly Father, your Son shared with the Blessed Virgin
Mary and Saint Joseph the life of an earthly home at
Nazareth. Pour out your blessing on the *homes* of *these
your children*. May *they* grow in your love, learn to serve
you and care for those in need, following in the footsteps
of your Son, Jesus Christ our Lord.
Amen.

*The post-communion prayers from Section 7 are suitable for use at
this point.*

7 YR ANFON ALLAN

Gellir defnyddio un o'r gweddïau ôl-gymun a ganlyn.

Naill ai
>   Dduw gras a bywyd.
>   yn dy gariad rhoddaist i ni le ymhlith dy bobl:
>   cadw ni'n ffyddlon i'n bedydd,
>   a pharatoa ni at y dydd gogoneddus hwnnw
>   pan berffeithir yr holl greadigaeth
>   yn dy Fab, ein Gwaredwr Iesu Grist.
>   **Amen.**

Neu
>   **Dragwyddol Dduw,**
>   **datgenaist yng Nghrist**
>   **lawnder pwrpas dy gariad:**
>   **bydded inni fyw trwy ffydd,**
>   **rhodio mewn gobaith**
>   **a chael ein hadnewyddu gan dy gariad,**
>   **nes bod y byd yn adlewyrchu dy ogoniant di,**
>   **a thithau'n oll yn oll.**
>   **Boed felly; tyrd, Arglwydd Iesu!**
>   **Amen.**

Gellir cyflwyno'r fendith ag un o'r canlynol.

Naill ai
>   Yn y bedydd fe'n cleddir gyda Christ
>   a'n cyfodi i fywyd newydd ynddo ef.
>   Bydded i chwi oll ddod i adnabod ei lawenydd mewn
>   bywyd o wasanaeth a moliant.
>   **Amen.**

>   Yn y bedydd fe'n hadnewyddir
>   gan ras iachaol yr Ysbryd Glân.
>   Bydded i ffrwyth yr Ysbryd dyfu a chynyddu o'ch mewn.
>   **Amen.**

>   Yn y bedydd fe'n hachubir a'n hiacháu;
>   fe'n hadnewyddir a maddeuir inni.
>   Bydded ichwi gyhoeddi ar air ac esiampl
>   y newyddion da am gariad Duw yng Nghrist.
>   **Amen.**

7 THE SENDING OUT

One of the following post-communion prayers may be used.

Either

> God of grace and life,
> in your love you have given us
> a place among your people;
> keep us faithful to our baptism,
> and prepare us for that glorious day
> when the whole creation will be made perfect
> in your Son our Saviour Jesus Christ.
> **Amen.**

Or

> **Eternal God,**
> **you have declared in Christ**
> **the fulness of your purpose of love.**
> **May we live by faith,**
> **walk in hope,**
> **and be renewed in love,**
> **until the world reflects your glory,**
> **and you are all in all.**
> **Even so; come, Lord Jesus!**
> **Amen.**

The blessing may be introduced with one of the following.

Either

> In baptism we are buried with Christ
> and raised to new life in him.
> May you all know his joy in lives of service and praise.
> **Amen.**

> In baptism we are renewed
> by the healing grace of the Holy Spirit.
> May the fruit of the Spirit grow and flourish in you.
> **Amen.**

> In baptism we are ransomed, healed, restored and forgiven.
> May you proclaim by word and example
> the good news of God's love in Christ.
> **Amen.**

Bydded i Dduw tangnefedd, a ddygodd yn ôl oddi wrth
y meirw ein Harglwydd Iesu, Bugail mawr y defaid,
trwy waed y cyfamod tragwyddol, eich cyflawni â phob
daioni i wneud ei ewyllys ef, gan lunio ynoch yr hyn sy'n
gymeradwy iddo, trwy Iesu Grist, y byddo'r gogoniant
iddo byth bythoedd …

Neu

Bydded i'r Hollalluog Dduw, a roddodd inni'r
fuddugoliaeth trwy atgyfodiad ein Harglwydd Iesu Grist,
roi i chwi lawenydd a thangnefedd wrth gredu …

Neu

Bydded i Dduw'r Tad, y cyfodwyd Crist oddi wrth y
meirw trwy ei ogoniant, eich cryfhau i rodio gydag ef yn
ei fywyd atgyfodedig …

[a] bendith Duw Hollalluog,
y Tad, y Mab a'r Ysbryd Glân
a fo yn eich plith ac a drigo gyda chwi yn wastad.
Amen.

*Oni wnaed hyn yn y fan a nodwyd yn gynharach yn y gwasanaeth,
gall yr esgob neu aelod o'r gynulleidfa yn awr roi cannwyll wedi ei
chynnau i bob un sydd newydd ei fedyddio.*

Derbyniaist oleuni Crist;
rhodia yn ei oleuni holl ddyddiau dy fywyd.
**Llewyrcha fel goleuni yn y byd
er gogoniant i Dduw'r Tad.**

Ewch mewn tangnefedd i garu a gwasanaethu'r Arglwydd.
Yn enw Crist.
Amen.

Neu, yn nhymor y Pasg

Ewch mewn tangnefedd i garu a gwasanaethu'r Arglwydd.
Alelwia! Alelwia!
Yn enw Crist. Alelwia! Alelwia!

*Gall y gweinidog arwain y rhai sydd newydd eu bedyddio a'u rhieni
a'u rhieni bedydd drwy'r eglwys.*

Or

> The God of peace who brought back from the dead our
> Lord Jesus, the great Shepherd of the sheep, through the
> blood of the eternal covenant, make you perfect in every
> good deed to do his will, creating in you that which is
> pleasing to him, through Jesus Christ, to whom be glory
> for ever ...

Or

> Almighty God, who through the resurrection of our Lord
> Jesus Christ has given us the victory, give you joy and
> peace in believing ...

Or

> God the Father, by whose glory Christ was raised from
> the dead, strengthen you to walk with him in his risen
> life ...

> [and] the blessing of God almighty,
> the Father, the Son, and the Holy Spirit,
> be among you and remain with you always.
> **Amen.**

*If this was not done at the point indicated earlier in the service, the
minister or a member of the congregation may now give a lighted
candle to each of the newly baptized.*

> You have received the light of Christ;
> walk in this light all the days of your life.
> **Shine as a light in the world**
> **to the glory of God the Father.**

> Go in peace to love and serve the Lord.
> **In the name of Christ.**
> **Amen.**

Or, in Eastertide

> Go in peace to love and serve the Lord.
> Alleluia! Alleluia!
> **In the name of Christ. Alleluia! Alleluia!**

*The minister may lead the newly baptized and their parents and
godparents through the church.*

ATODIADAU

i

BEDYDDIO PLANT YN BREIFAT MEWN ARGYFWNG

Nid yw'r Drefn hon i'w defnyddio ond mewn argyfwng.

Dywed y gweinidog a'r rhai sy'n bresennol gynifer o'r gweddïau yn y
Drefn ar gyfer Bedydd Cyhoeddus Babanod *ag y mae'r argyfwng
yn ei ganiatáu. Yna, y mae'r gweinidog yn bedyddio'r plentyn,
gan ddweud*

E, yr wyf yn dy fedyddio yn Enw'r Tad a'r Mab
a'r Ysbryd Glân.
Amen.

Yna, dywed pawb sy'n bresennol
Ein Tad ...

**Gras ein Harglwydd Iesu Grist,
a chariad Duw,
a chymdeithas yr Ysbryd Glân
a fyddo gyda ni oll byth bythoedd.
Amen**

Bedydd Gan Berson Lleyg

*Onid oes gweinidog ordeiniedig ar gael, y mae un o'r rhai sy'n
bresennol yn enwi'r plentyn ac yn tywallt dŵr arno/arni deirgwaith,
gan ddweud*

E, yr wyf yn dy fedyddio yn Enw'r Tad a'r Mab a'r
Ysbryd Glân.
Amen.

Yna, gall pawb ddweud Gweddi'r Arglwydd a'r Gras.

*Rhaid i bwy bynnag a weinyddodd fedydd preifat mewn argyfwng
hysbysu offeiriad y plwyf yn ddi-oed.*

Cofnodir y bedydd yng nghofrestr y bedyddiadau yn y modd arferol.

*Os bydd y plentyn fyw, dylid dod ag ef/hi i'r eglwys cyn gynted ag y
bo'n gyfleus ar ôl y bedydd.*

APPENDICES

i

PRIVATE BAPTISM OF INFANTS IN AN EMERGENCY

This Order is for use only in an emergency.

The minister and those present say as many of the prayers from the Order for the Public Baptism of Infants *as the emergency allows. Then the minister baptizes the child, saying*

N, I baptize you in the Name of the Father, and of the Son, and of the Holy Spirit.
Amen.

All present then say
Our Father ...

**The grace of our Lord Jesus Christ,
and the love of God,
and the fellowship of the Holy Spirit,
be with us all evermore.
Amen.**

Baptism By A Lay Person

If no ordained minister is available, one of those present names the child and pours water upon him / her three times, saying

N, I baptize you in the Name of the Father, and of the Son, and of the Holy Spirit.
Amen.

Then all may say the Lord's Prayer and the Grace.

Any person who has administered baptism privately in an emergency must notify the parish priest without delay.

The customary record is entered in the baptismal register.

If the child lives, he / she should be brought to the church as soon as is convenient after the baptism.

ii CROESAWU I'R EGLWYS FABANOD A FEDYDDIWYD YN BREIFAT

Cyn defnyddio'r Drefn hon, rhaid i'r gweinidog sicrhau gan bwy, ac yng ngŵydd pwy, y bedyddiwyd y plentyn, a'i fod wedi ei fedyddio â dŵr yn Enw'r Drindod Sanctaidd. Os oes amheuaeth, dylai'r gweinidog weinyddu bedydd amodol. I'r diben hwn defnyddir y Drefn ar gyfer Bedydd Cyhoeddus Babanod, ond yn Adran 3(5) fe newidir geiriau'r gweinyddu i: 'Oni'th fedyddiwyd di eisoes, E, yr wyf yn dy fedyddio yn Enw'r Tad a'r Mab a'r Ysbryd Glân. **Amen.**'

Os yw'r gweinidog yn fodlon fod y plentyn eisoes wedi ei fedyddio, â'r gwasanaeth rhagddo fel a ganlyn.

Yn enw'r Tad a'r Mab a'r Ysbryd Glân.
Amen.

Gras a thangnefedd a fo gyda chwi
a'th gadw di yng nghariad Crist.

Neu, yn Nhymor y Pasg
Alelwia! Atgyfododd Crist.
Atgyfododd yn wir. Alelwia!

Gall y gweinidog gyflwyno'r gwasanaeth gydag un o'r canlynol.

Naill ai
Gorchmynnodd ein Harglwydd Iesu Grist, 'Ewch, a gwnewch ddisgyblion o'r holl genhedloedd, gan eu bedyddio hwy yn Enw'r Tad a'r Mab a'r Ysbryd Glân.'
I Dduw y bo'r diolch.

Neu
Trwy fedydd fe'n claddwyd gyda Christ i'w farwolaeth, fel, megis y cyfodwyd Crist oddi wrth y meirw mewn amlygiad o ogoniant y Tad, y byddai i ninnau gael byw ar wastad bywyd newydd.
I Dduw y bo'r diolch.

Neu
Pan fedyddiwyd Crist yn afon Iorddonen, disgynnodd yr Ysbryd megis colomen, a llefarodd y Tad, gan ddweud, 'Ti yw fy Mab, yr Anwylyd; ynot ti yr wyf yn ymhyfrydu.'
I Dduw y bo'r diolch.

i *THE WELCOME IN CHURCH OF INFANTS PRIVATELY BAPTIZED*

Before using this Order, the minister must establish by whom and in whose presence the child was baptized, and whether the child was baptized with water in the Name of the Holy Trinity. If there is doubt, the minister should administer conditional baptism. The Order for the Public Baptism of Infants is used for this purpose, except that, in Section 3(5), the words at the baptism are changed to 'If you have not already been baptized, N, I baptize you in the Name of the Father, and of the Son, and of the Holy Spirit. **Amen.**'

If the minister is satisfied that the child has already been baptized, the service proceeds as follows.

In the Name of the Father, and of the Son,
and of the Holy Spirit.
Amen.

Grace and peace be with you
and keep you in the love of Christ.

Or, in Eastertide
Alleluia! Christ is risen.
He is risen indeed. Alleluia!

The minister may introduce the service with one of the following.

Either
Our Lord Jesus Christ commanded, 'Go and make
disciples of all nations, baptizing them in the Name of the
Father, and of the Son, and of the Holy Spirit.'
Thanks be to God.

Or
We were buried with Christ through baptism into his
death, that just as Christ was raised from the dead by the
glory of the Father, so we should walk in newness of life.
Thanks be to God.

Or
When Christ was baptized in the Jordan, the Spirit
descended like a dove and the Father spoke, saying, 'You
are my beloved Son in whom I am well pleased.'
Thanks be to God.

Y mae'r gweinidog yn annerch y rhieni

Y mae bedyddio ei haelodau newydd yn achlysur o lawenydd mawr i'r Eglwys Gristnogol. Trwy ddŵr a'r Ysbryd fe'n hailenir yn blant Duw, a'n gwneud yn ddilynwyr Crist, yn aelodau o'i gorff ef, yr Eglwys, ac yn etifeddion teyrnas nefoedd.

Eich cyfrifoldeb chwi yw ei magu *E* yn Gristion. Wrth ofalu *amdano/i*, a wnewch chwi ei *g/chynorthwyo* i gadw gorchmynion Duw trwy garu Duw a chymydog fel y dysgodd Crist ni? A wnewch chwi weddïo *drosto/i*, a'i *dd/denu*, drwy eich esiampl eich hun, i gymdeithas y ffydd?
Gyda chymorth Duw, fe wnawn.

Y mae'r gweinidog yn annerch y rhieni bedydd

A wnewch chwi gefnogi rhieni *E* a'u cynorthwyo i wneud y pethau hyn?
Gyda chymorth Duw, fe wnawn.

Y mae'r gweinidog yn annerch yr holl gynulleidfa

A wnewch chwi groesawu *E* a gwneud eich gorau i'w *g/chynnal* yn ei *f/bywyd* yng Nghrist?
Gyda chymorth Duw, fe wnawn.

Ac eithrio ar yr achlysuron a nodir yn Nodyn Cyffredinol 4, defnyddir y Colect a ganlyn

Dad nefol,
trwy rym dy Ysbryd Glân
yr wyt yn rhoddi i'th bobl ffyddlon
fywyd newydd yn nŵr y bedydd:
cyfarwydda a chyfnertha ni trwy'r un Ysbryd,
fel y bo i ni a ailenir dy wasanaethu mewn ffydd a chariad
a thyfu i lawn faintioli dy Fab Iesu Grist,
sy'n byw ac yn teyrnasu gyda thi a'r Ysbryd Glân,
yn un Duw, yn awr a byth.
Amen.

The minister then addresses the parents

The baptism of its new members is an occasion of great joy for the Christian Church. By water and the Spirit, we are reborn as God's children, and are made followers of Christ, members of his body, the Church, and inheritors of the kingdom of heaven.

You have the responsibility of bringing *N* up as a Christian. In caring for *him/her*, will you help *him/her* to keep God's commandments by loving God and neighbour as Christ has taught us? Will you pray for *him/her*, and draw *him/her* by your own example into the community of faith?
With the help of God, we will.

The minister addresses the godparents

Will you support and help *N*'s parents in doing these things?
With the help of God, we will.

The minister addresses the whole congregation

Will you welcome *N* and do your best to uphold *him/her* in *his/her* life in Christ?
With the help of God, we will.

Except on the occasions specified in General Note 4, the following Collect is used

Heavenly Father,
by the power of your Holy Spirit
you give to your faithful people
new life in the water of baptism:
guide and strengthen us by the same Spirit,
that we who are born again may serve you in faith and love
and grow into the full stature of your Son Jesus Christ,
who is alive and reigns with you and the Holy Spirit,
one God, now and for ever.
Amen.

Yna defnyddir Adrannau 2–3(3) yn y Drefn ar gyfer Bedydd Cyhoeddus Babanod.

Yn Adran 3(1), disodlir anerchiad agoriadol yr offeiriad i'r rhieni a'r rhieni bedydd gan y canlynol

Trwy fedydd, y mae Duw eisoes wedi derbyn E yn blentyn iddo'i hun. Yr ydym, felly, yn eich gwahodd yn awr i ymateb i alwad Crist.

Yn Adran 3(2), wrth wneud arwydd y groes ar dalcen y plentyn, dywed y gweinidog

E, yr wyf yn dy nodi ag arwydd y groes, i ddangos dy fod, trwy fedydd, yn eiddo ein Gwaredwr, Iesu Grist.

Yn union wedi Adran 3(3), gall y gweinidog eneinio'r plentyn â chrism ar y corun, gan ddweud

Bydded i Dduw, a'th dderbyniodd di trwy fedydd i'w Eglwys, dywallt arnat olud ei ras. Megis yr eneiniwyd Crist yn offeiriad, yn broffwyd ac yn frenin, cydffurfier di beunydd â'i ddelw ef.

Amen.

Gall y gweinidog neu aelod o'r gynulleidfa wisgo pob plentyn sydd newydd ei fedyddio mewn gwisg wen, gan ddweud

Gwisgwyd di â Christ a'th gyfodi i fywyd newydd ynddo ef.

Gellir defnyddio Adran 3(6) yn y Drefn ar gyfer Bedydd Cyhoeddus Babanod.

Daw'r gwasanaeth i ben gydag Adrannau 4–7 yn y Drefn ar gyfer Bedydd Cyhoeddus Babanod.

Sections 2–3(3) of the Order for the Public Baptism of Infants
are then used.

*In Section 3(1), the minister's opening address to the parents and
godparents is replaced by the following*

Through baptism, God has already welcomed N as his
own child. We therefore invite you now to respond to
Christ's call.

*In Section 3(2), the minister says the following while making the sign
of the cross on the child's forehead*

N, I sign you with the sign of the cross to show that,
through baptism, you belong to our Saviour Jesus Christ.

*Immediately after section 3(3), the minister may anoint the child on
the crown of the head with chrism, saying*

May God, who has received you by baptism into his
Church, pour upon you the riches of his grace. As Christ
was anointed priest, prophet and king, may you daily by
conformed to his image.
Amen.

*The minister or a member of the congregation may then clothe the
child in a white garment, saying*

You have been clothed with Christ and raised to new life
in him.

Section 3(6) of the Order for the Public Baptism of Infants *may
be used.*

The service concludes with Sections 4–7 of the Order for the
Public Baptism of Infants.

iii CROESAWU RHAI SY'N PARATOI AT FEDYDDIO PLANT

Yn y Cymun Bendigaid, gellir defnyddio'r gwasanaeth byr ac anorfodol hwn o groeso o flaen Credo Nicea. Yn y Foreol neu'r HwyrolWeddi, gall gymryd lle'r Ymbiliau. Os defnyddir y weddi a ganlyn o ddiolch ym Medydd Cyhoeddus Babanod, *dylid ei chynnwys yn syth ar ôl y Cyfarchiad yn Adran 1.*

Gellir dweud y weddi hon.

Heddiw, diolchwn i Dduw hollalluog, gyda *E ac E*, am eu *plant, E ac E.*

Dduw grasol, creawdwr a chynhaliwr bywyd meidrol,
y mae dy eglwys yn diolch gyda *E ac E*
am iti roddi *E ac E*
a'u hymddiried i'w *gofal*;
bydded *iddynt* ddangos amynedd a dealltwriaeth,
a bod bob amser yn barod i gyfarwyddo ac i faddau,
fel, yn *eu* cariad *hwy*, y daw *E ac E* i adnabod dy gariad di,
a dysgu dy garu â'u holl galon
a'u cymydog fel hwy eu hun,
trwy Iesu Grist ein Harglwydd.
Amen.

Y mae'r gweinidog yn annerch y gynulleidfa

Y mae *E ac E* yn paratoi at fedydd eu *plant E ac E.* Y mae bedydd yn arwydd o fywyd newydd yng Nghrist. Yr ydym i gyd yn rhannu'r cyfrifoldeb am annog y *plant hyn* yn y bywyd newydd y mae Iesu Grist yn ei gynnig i bawb. A wnewch chwi, felly, groesawu'r *plant hyn a'u teuluoedd*, a'u cynnal gyda'ch gweddïau a'ch cymdeithas?
Gyda chymorth Duw, fe wnawn.

Y mae'r gweinidog yn annerch y rhieni

E ac E, yr ydym yn eich croesawu chwi a'ch *plant* mewn llawenydd, gan weddïo y bydd i Dduw eich bendithio a'ch cyfarwyddo bob amser.
A wnewch chwi gynorthwyo eich *plant* i dyfu yng ngwybodaeth a chariad Duw ac i gymryd *eu lle* ym mywyd ac addoliad yr Eglwys?
Gyda chymorth Duw, fe wnawn.

[Y mae'r gweinidog yn annerch y rhieni bedydd
A wnewch chwi gynorthwyo *E ac E* i feithrin *eu plant* fel y *cynyddant* mewn ffydd?
Gyda chymorth Duw, fe wnawn.]

i WELCOME OF THOSE PREPARING FOR THE BAPTISM OF CHILDREN.

At the Holy Eucharist, this short optional act of welcome precedes the Nicene Creed. At Morning and Evening Prayer, it may replace the intercessory prayers. If the following prayer of thanksgiving is used at the Public Baptism of Infants, *it should be inserted immediately after the Greeting in Section 1.*

This prayer may be said.
 Today we give thanks to almighty God with *N and N*
 for *their children N and N.*

 Gracious God, creator and sustainer of human life,
 your church gives thanks with *N and N*
 for the gift of *N and N*
 whom you have entrusted to *their* care;
 may *they* be patient and understanding,
 ever ready to guide and forgive,
 that in *their* love *N and N* may know your love,
 and learn to love you with all *their hearts*
 and *their* neighbour as *themselves,*
 through Jesus Christ our Lord.
 Amen.

The minister addresses the congregation
 N and N are preparing for the baptism of *their children N
 and N.* Baptism is the sign of new life in Christ. Together
 we share the responsibility for encouraging *these children*
 in the new life that Jesus Christ offers to all.
 Will you therefore welcome *these children and their families,*
 and support them with your prayers and fellowship?
 With the help of God, we will.

The minister addresses the parents
 N and N, we welcome you and *your children* with joy,
 praying that God will always bless and guide you.
 Will you help *your children* to grow in the knowledge and
 love of God and to take *their* place in the life and worship
 of the Church?
 With the help of God, we will.

[The minister addresses the godparents
 Will you help *N and N* to nurture *their children* as *they grow*
 in faith?
 With the help of God, we will.]

Dywed y gweinidog
Dragwyddol a chariadus Dduw,
addewaist y bydd i'r rhai sy'n dy geisio dy gael.
Gweddïwn am dy fendith ar y *teuluoedd hyn*
wrth iddynt baratoi at fedydd *E ac E*:
cyfarwydda hwy â'th ddoethineb
a dyfnha eu gwybodaeth o'th Fab a'u cariad ato ef,
ein Gwaredwr Iesu Grist.
Amen.

Dylid cynnwys gweddïau addas yn yr Ymbiliau, er enghraifft

Edrych yn gariadus ar y *plant hyn, eu rhieni a'u rhieni*
bedydd.

Gwna hwy'n ddilynwyr ffyddlon i Grist, ac arwain hwy i
lawenydd dy deyrnas.

Ysbrydola'r rhieni [a'r rhieni bedydd] hyn i fod yn
esiamplau byw o ffydd i'w *plant*.

Adnewydda ras y bedydd ym mhob un ohonom.

iv DATHLU AR ÔL GWASANAETH BEDYDD A / NEU GONFFYRMASIWN Y TU ALLAN I'R PLWYF

Gweler Trefn ar gyfer Bedydd gyda Chonffyrmasiwn [Bedydd
Esgob], *Atodiad VI*.

The minister says

Eternal and loving God,
you have promised that those who seek will find you.
We pray for your blessing on *these families*
as they prepare for the baptism of *N and N*:
guide them with your wisdom
and deepen their knowledge and love of your Son,
our Saviour Jesus Christ.
Amen.

Suitable petitions should be included in the Intercession, for example

Look with love on *these children, their* parents and
godparents.

Make them faithful followers of Christ and lead them to
the joys of your kingdom.

Inspire these parents [and godparents] to be living
examples of faith to *their children*.

Renew the grace of baptism in each one of us.

CELEBRATION AFTER AN INITIATION SERVICE OUTSIDE THE PARISH

See An Order for Baptism with Confirmation, *Appendix* VI.

TREFN AR GYFER BEDYDD GYDA CHONFFYRMASIWN (BEDYDD ESGOB)

AN ORDER FOR BAPTISM WITH CONFIRMATION

STRWYTHUR Y DREFN AR GYFER BEDYDD GYDA CHONFFYRMASIWN [BEDYDD ESGOB]

Y mae strwythur llawn y Drefn ar gyfer Bedydd gyda Chonffyrmasiwn [Bedydd Esgob] fel a ganlyn. Cyfeirier at y Nodiadau am wybodaeth fanwl. Ni raid defnyddio'r eitemau a farciwyd gyda *.

1 **Y DOD YNGHYD**
   Cyfarchion
   * Brawddeg o'r Ysgrythur ac ymateb
   Cyflwyno'r Ymgeiswyr
   Colect

2 **CYHOEDDI'R GAIR**
   Darlleniad o'r Hen Destament
   Salm
   Darlleniad o'r Testament Newydd
   Efengyl
   Pregeth

3 **LITWRGI BEDYDD GYDA CHONFFYRMASIWN**
   1   Y Penderfyniad
   2   Y Nodi â'r Groes
   3   Y Gyffes Ffydd
   4   Bendithio Dŵr y Bedydd
   5   Y Bedyddio
   6   * Cyflwyno'r Goleuni
   7   Y Conffyrmio

4 **Y TANGNEFEDD**

5 **CYMUN Y BEDYDD**   Neu   6 **GWEDDÏAU**
   Y Diolch   Gweddi'r Arglwydd
   Y Cymun   Gweddïau eraill

7 **YR ANFON ALLAN**
   Gweddi ôl-Gymun
   Bendith
   * Cyflwyno'r Goleuni
   Anfon allan

STRUCTURE OF THE ORDER FOR BAPTISM WITH CONFIRMATION

The full structure of the Order for Baptism with Confirmation *is as follows.*
Refer to the Notes for detailed information.
*Items marked * are optional.*

1 THE GATHERING
    Greeting
    * Scripture sentence and response
    Presentation of Candidates
    Collect

2 THE PROCLAMATION OF THE WORD
    Old Testament reading
    Psalm
    New Testament reading
    Gospel
    Sermon

3 THE LITURGY OF BAPTISM WITH CONFIRMATION
    1 The Decision
    2 The Signing with the Cross
    3 The Profession of Faith
    4 The Blessing of the Baptismal Water
    5 The Baptism
    6 * The Giving of the Light
    7 The Confirmation

4 THE PEACE

5 THE BAPTISMAL   *Or* **6 PRAYERS**
    EUCHARIST
    The Thanksgiving   The Lord's Prayer
    The Communion   Other prayers

7 THE SENDING OUT
    Post-Communion Prayer
    Blessing
    * The Giving of the Light
    Dismissal

NODIADAU

Dylid darllen y Nodiadau hyn ar y cyd â'r Nodiadau Cyffredinol ar dudalen 8.

1   Fel rheol, cynhelir Bedydd gyda Chonffyrmasiwn [Bedydd Esgob] yng nghyd-destun y Cymun Bendigaid. Yn Adran 6 darperir ar gyfer achlysuron pan na weinyddir y Cymun.

2   Pan gonffyrmir oedolion sydd eisoes wedi eu bedyddio, hepgorir Adrannau 3(2) a 3(4)—(6).

3   Pan fo plant i'w bedyddio, ond nid i'w conffyrmio, dylid defnyddio'r *Drefn ar gyfer Bedydd Cyhoeddus Babanod*.

Y mae yn y Drefn hon ddarpariaeth i alluogi plant nad ydynt yn ddigon hen i ateb drostynt eu hunain i gael eu bedyddio yr un pryd â'u rhieni neu oedolion eraill sy'n aelodau o'r teulu.

Mewn amgylchiadau o'r fath, dylid cynnwys y pum cwestiwn i'r rhieni a'r rhieni bedydd sydd yn Adran 1 y *Drefn ar gyfer Bedydd Cyhoeddus Babanod* yn Adran 1 y Drefn hon, rhwng cwestiwn yr esgob i'r rhai sydd i'w conffyrmio a chwestiwn yr esgob i'r gynulleidfa.

Atebir pob cwestiwn ar ran y plant gan eu rhieni a'u rhieini bedydd, ac y mae'n addas bedyddio'r plant yn union ar ôl bedyddio aelodau o'r teulu sy'n oedolion.

4   Dylai'r esgob a'r offeiriad plwyf ymgynghori â'i gilydd ynglŷn ag union drefn y gwasanaeth.

Yn Adran 3(2), gall yr esgob wahodd cefnogwyr yr ymgeiswyr (ac, yn achos plant bach, eu rhieni a'u rhieni bedydd) i gymryd rhan yn y Nodi â'r Groes.

Yn Adran 3(3), gall ymgeiswyr gyffesu'r ffydd Drindodaidd drwy adrodd Credo'r Aposolion. Os felly, hepgorir tri chwestiwn yr esgob. Ar ôl i'r ymgeiswyr adrodd y Credo, dylai'r esgob fynd rhagddo â'r geiriau 'Dyma ffydd yr Eglwys', a bydd y gynulleidfa yn ymateb yn y dull a nodir.

Gall yr esgob ddirprwyo'r weithred o fedyddio i weinidog cyfreithlon arall.

NOTES

These Notes should be read in conjunction with the General Notes on page 9.

1   Baptism with Confirmation normally takes place in the context of the Holy Eucharist. Provision is made in Section 6 for occasions when the Eucharist is not celebrated.

2   When previously baptized adults are to be confirmed, Sections 3(2) and 3(4)–(6) are omitted.

3   If the baptism of children is to be administered without confirmation, the *Order for the Public Baptism of Infants* should be used.

This Order makes provision for children who are not old enough to answer for themselves to be baptized at the same time as their parents or other adult family members.

In these circumstances, the five questions to the parents and godparents from Section 1 of the *Order for the Public Baptism of Infants* should be inserted into Section 1 of this Order between the bishop's question to those being confirmed and the bishop's question to the congregation.

All responses are made on behalf of the children by their parents and godparents, and it is fitting that the children should be baptized immediately after the adult members of their families.

4   The detailed ordering of the service should be a matter for consultation between the bishop and the parish priest. In Section 3(2), the bishop may invite candidates' sponsors (and, in the case of small children, their parents and godparents) to take part in the Signing with the Cross.

In Section 3(3), the candidates may profess the Trinitarian faith by reciting the Apostles' Creed. In this case, the bishop's three questions are omitted. After the candidates have said the Creed, the bishop should continue with the words 'This is the faith of the Church', to which the congregation replies in the manner indicated.

The bishop may delegate the act of baptism to another lawful minister.

5   Os defnyddir olewau sanctaidd, gellir eneinio'r
     ymgeiswyr am fedydd gyda'r olew olewydden pur a
     adwaenir fel olew disgyblion bedydd naill ai ar derfyn
     Adran 3(1) neu ynteu wrth nodi â'r groes yn Adran 3(2),
     a gellir defnyddio crism naill ai fel y nodir ar derfyn
     Adran 3(5) neu ynteu yn Adran 3(7) ar y cyd â'r weddi
     'Cyfnertha, Arglwydd, dy was'. Ni ddylid eneinio â
     chrism ar derfyn Adran 3(5) yr ymgeiswyr hynny sy'n
     derbyn bedydd a chonffyrmasiwn.

5   If the holy oils are used, the candidates for baptism may be anointed with the pure olive oil known as the oil of catechumens either at the end of Section 3(1) or at the signing with the cross in Section 3(2), and chrism may be used either as indicated at the end of Section 3(5) or in Section 3(7) in conjunction with the prayer beginning 'Confirm, O Lord, your servant'. Candidates who are being both baptized and confirmed should not be anointed with chrism at the end of Section 3(5).

TREFN AR GYFER BEDYDD GYDA CHONFFYRMASIWN (BEDYDD ESGOB)

1 *Y DOD YNGHYD*

Yn Enw'r Tad a'r Mab a'r Ysbryd Glân.
Amen.

Gras a thangnefedd a fo gyda chwi
a'th gadw di yng nghariad Crist.

Neu, yn Nhymor y Pasg
Alelwia! Atgyfododd Crist.
Atgyfododd yn wir. Alelwia!

Gall yr esgob gyflwyno'r gwasanaeth gydag un o'r canlynol.

Naill ai
Gorchmynnodd ein Harglwydd Iesu Grist, 'Ewch, a
gwnewch ddisgyblion o'r holl genhedloedd, gan eu
bedyddio hwy yn Enw'r Tad a'r Mab a'r Ysbryd Glân.'
I Dduw y bo'r diolch.

Neu
Trwy fedydd fe'n claddwyd gyda Christ i'w farwolaeth,
fel, megis y cyfodwyd Crist oddi wrth y meirw mewn
amlygiad o ogoniant y Tad, y byddai i ninnau gael byw ar
wastad bywyd newydd.
I Dduw y bo'r diolch.

Neu
Pan fedyddiwyd Crist yn afon Iorddonen, disgynnodd yr
Ysbryd megis colomen, a llefarodd y Tad, gan ddweud, 'Ti
yw fy Mab, yr Anwylyd; ynot ti yr wyf yn ymhyfrydu.'
I Dduw y bo'r diolch.

AN ORDER FOR BAPTISM WITH CONFIRMATION

THE GATHERING

In the Name of the Father, and of the Son, and of the
Holy Spirit.
Amen.

Grace and peace be with you
and keep you in the love of Christ.

Or, in Eastertide,
Alleluia! Christ is risen.
He is risen indeed. Alleluia!

The bishop may introduce the service with one of the following.

Either
Our Lord Jesus Christ commanded, 'Go and make
disciples of all nations, baptizing them in the Name of the
Father, and of the Son, and of the Holy Spirit.'
Thanks be to God.

Or
We were buried with Christ through baptism into his
death, that just as Christ was raised from the dead by the
glory of the Father, so we should walk in newness of life.
Thanks be to God.

Or
When Christ was baptized in the Jordan, the Spirit
descended like a dove and the Father spoke, saying, 'You
are my beloved Son in whom I am well pleased.'
Thanks be to God.

Saif yr ymgeiswyr a'u cefnogwyr o flaen yr esgob. Gall y sawl a
benodwyd enwi'r ymgeiswyr.

> Barchedig Dad yn Nuw, cyflwynaf *y rhai hyn* iti i'w
> *bedyddio a'u conffyrmio.*

Gofynna'r esgob i'r ymgeiswyr am fedydd a chonffyrmasiwn
> A ydych yn dymuno cael eich bedyddio a'ch conffyrmio?
> **Ydym.**

Gofynna'r esgob i'r ymgeiswyr am gonffyrmasiwn
> A ydych yn dymuno cael eich conffyrmio?
> **Ydym.**

Gofynna'r esgob i'r gynulleidfa
> A wnewch chwi groesawu'r ymgeiswyr hyn am *fedydd*
> *a chonffyrmasiwn* a gwneud eich gorau i'w cynnal yn eu
> bywyd yng Nghrist?
> **Gyda chymorth Duw, fe wnawn.**

Y mae'r esgob yn annerch y gynulleidfa gyda'r geiriau hyn, neu
eiriau tebyg:
> Yn y sacrament o fedydd y mae ein Tad nefol yn rhyddhau
> ei bobl o allu pechod a marwolaeth trwy ein huno ni ym
> marwolaeth ac atgyfodiad ein Harglwydd Iesu Grist. Trwy
> ddŵr a'r Ysbryd Glân fe'n hailenir ni yn blant Duw ac yn
> etifeddion teyrnas nefoedd. Y mae pawb a fedyddiwyd
> yng Nghrist yn aelodau o'r Eglwys, Corff Crist, lle y
> tyfwn mewn gras a chynyddu beunydd mewn ffydd a
> chariad ac mewn ufudd-dod i ewyllys Duw.

Ac eithrio ar yr achlysuron a nodir yn Nodyn Cyffredinol 4,
defnyddir y Colect a ganlyn
> Dad nefol,
> trwy rym dy Ysbryd Glân
> yr wyt yn rhoddi i'th bobl ffyddlon
> fywyd newydd yn nŵr y bedydd:
> cyfarwydda a chyfnertha ni trwy'r un Ysbryd,
> fel y bo i ni a ailenir dy wasanaethu mewn ffydd a chariad
> a thyfu i lawn faintioli dy Fab Iesu Grist,
> sy'n byw ac yn teyrnasu gyda thi a'r Ysbryd Glân,
> yn un Duw, yn awr a byth.
> **Amen.**

The candidates stand with their sponsors in front of the bishop. The person appointed may first name the candidates.

Reverend Father in God, I present to you *these persons* that *they* may be *baptized and confirmed.*

The bishop asks the candidates for baptism and confirmation
Is it your wish to be baptized and confirmed?
It is.

The bishop asks the candidates for confirmation
Is it your wish to be confirmed?
It is.

The bishop asks the congregation
Will you welcome these candidates for *baptism and confirmation* and do your best to uphold them in their life in Christ?
With the help of God, we will.

The bishop addresses the congregation in these or similar words
In the sacrament of Baptism our heavenly Father sets his people free from the power of sin and death by uniting us to the death and resurrection of our Lord Jesus Christ. By water and the Holy Spirit we are reborn the children of God and inheritors of the kingdom of heaven. All who are baptized into Christ are members of the Church, the Body of Christ, where we grow in grace and daily increase in faith, love and obedience to the will of God.

Except on the occasions specified in General Note 4, the following Collect is used
Heavenly Father,
by the power of your Holy Spirit
you give to your faithful people
new life in the water of baptism:
guide and strengthen us by the same Spirit,
that we who are born again may serve you in faith and love
and grow into the full stature of your Son Jesus Christ,
who is alive and reigns with you and the Holy Spirit,
one God, now and for ever.
Amen.

2 CYHOEDDI'R GAIR

Ac eithrio ar yr achlysuron a nodir yn Nodyn Cyffredinol 4, gellir dewis darlleniadau addas o blith y rhai a restrir isod.

Darlleniad o'r Hen Destament

Genesis 7.17-23	*Y Dilyw*
Exodus 14.19-31	*Croesi'r Môr Coch*
Exodus 20.1-17	*Y Deg Gorchymyn*
Deuteronomium 30.15-20	*Dewis rhwng dwy ffordd*
2 Brenhinoedd 5.1-15a	*Iacháu Naaman*
Eseia 44.1-5	*Yr addewid i was Duw*
Eseia 55.1-11	*Gwahodd y sychedig*
Jeremeia 31.31-34	*Y cyfamod newydd*
Eseciel 36.25-28	*Calon newydd, ysbryd newydd*
Eseciel 37.1-10	*Dyffryn yr esgyrn sychion*

Wedyn gall y darllenydd ddweud
Naill ai

Gwrandewch ar yr hyn y mae'r Ysbryd
yn ei ddweud wrth yr eglwys.
I Dduw y bo'r diolch.

Neu

Dyma air yr Arglwydd.
I Dduw y bo'r diolch.

Darlleniad o'r Testament Newydd

Actau 8.14-17	*Bedydd a dawn yr Ysbryd*
Actau 16.25-34	*Ceidwad y carchar yn Philipi*
Rhufeiniaid 6.3-11	*Marw a chyfodi yng Nghrist*
Rhufeiniaid 8.11-17	*Ysbryd mabolaeth*
1 Corinthiaid 12.4-13	*Llawer o ddoniau, un Ysbryd*
1 Corinthiaid 12.12-13	*Un corff yng Nghrist*
Galatiaid 4.3-7	*Abba, Dad*
Galatiaid 5.16-25	*Cnawd ac Ysbryd*
1 Pedr 2.4-10	*Pobl Dduw*

Wedyn gall y darllenydd ddweud
Naill ai

Gwrandewch ar yr hyn y mae'r Ysbryd
yn ei ddweud wrth yr eglwys.
I Dduw y bo'r diolch.

Neu

Dyma air yr Arglwydd.
I Dduw y bo'r diolch.

THE PROCLAMATION OF THE WORD

Except on the occasions specified in General Note 4, appropriate readings may be selected from those listed below.

An Old Testament Reading

Genesis 7.17-23	*The Flood*
Exodus 14.19-31	*The crossing of the Red Sea*
Exodus 20.1-17	*The Ten Commandments*
Deuteronomy 30.15-20	*The choice of two ways*
2 Kings 5.1-15a	*The healing of Naaman*
Isaiah 44.1-5	*The promise to the servant of God*
Isaiah 55.1-11	*An invitation to the thirsty*
Jeremiah 31.31-34	*The new covenant*
Ezekiel 36.25-28	*New heart, new spirit*
Ezekiel 37.1-10	*The valley of dry bones*

The reader may then say
Either
Hear what the Spirit is saying to the church.
Thanks be to God.
Or
This is the word of the Lord.
Thanks be to God.

A New Testament Reading

Acts 8.14-17	*Baptism and the gift of the Spirit*
Acts 16.25-34	*The jailer at Philippi*
Romans 6.3-11	*Dying and rising in Christ*
Romans 8.11-17	*The spirit of sonship*
1 Corinthians 12.4-13	*Many gifts, one Spirit*
1 Corinthians 12.12-13	*One body in Christ*
Galatians 4.3-7	*Abba, Father*
Galatians 5.16-25	*Flesh and Spirit*
1 Peter 2.4-10	*The people of God*

The reader may then say
Either
Hear what the Spirit is saying to the church.
Thanks be to God.
Or
This is the word of the Lord.
Thanks be to God.

Yr Efengyl

Gwrandewch Efengyl Crist yn ôl Sant …
Gogoniant i ti, O Arglwydd.

Mathew 5.1-12	*Y Gwynfydau*
Mathew 16.24-27	*Disgyblion Crist*
Mathew 28.16-20	*Y comisiwn olaf*
Marc 1.1-11	*Bedydd Iesu*
Marc 1.14-20	*Y disgyblion cyntaf*
Luc 24.45-diwedd	*Tystion*
Ioan 3.1-8	*Nicodemus*
Ioan 15.1-11	*Y wir winwydden*

Dyma Efengyl yr Arglwydd.
Moliant i ti, O Grist.

Y Bregeth

Ni ddywedir y Gyffes Ffydd yma.

3 LITWRGI BEDYDD A CHONFFYRMASIWN [BEDYDD ESGOB]

1 Y Penderfyniad

Y mae'r esgob yn annerch yr ymgeiswyr a'u cefnogwyr
Yr ydych wedi datgan eich bod yn dymuno cael *eich
bedyddio a'ch conffyrmio (a'ch bod yn dymuno i'r plant hyn/y
plentyn hwn gael eu bedyddio/ei fedyddio)*. Gwahoddwn
chwi yn awr, felly, i ymateb i alwad Crist.

A ydych yn troi at Grist?
Yr wyf yn troi at Grist.

A ydych yn edifarhau am eich pechodau?
Yr wyf yn edifarhau am fy mhechodau.

A ydych yn ymwrthod â'r drwg?
Yr wyf yn ymwrthod â'r drwg.

Dywed yr esgob wrth y rhai sydd i'w bedyddio
Bydded i Dduw, a'ch galwodd chwi allan o dywyllwch
i oleuni, eich adfer ar ddelw ei ogoniant a'ch tywys yn
ffordd Crist.
Amen.

*Os defnyddir olew disgyblion bedydd, gellir eneinio'r ymgeiswyr am
fedydd ag ef naill ai yn y fan hon neu ynteu wrth eu nodi â'r groes.*

The Gospel

Listen to the gospel of Christ according to Saint ...
Glory to you, O Lord.

Matthew 5.1-12	*The Beatitudes*
Matthew 16.24-27	*The disciples of Christ*
Matthew 28.16-20	*The final commission*
Mark 1.1-11	*The baptism of Jesus*
Mark 1.14-20	*The first disciples*
Luke 24.45-end	*Witnesses*
John 3.1-8	*Nicodemus*
John 15.1-11	*The true vine*

This is the Gospel of the Lord.
Praise to you, O Christ.

The Sermon

The Affirmation of Faith is not said at this point.

THE LITURGY OF BAPTISM AND CONFIRMATION

1 The Decision

The bishop addresses the candidates and their sponsors
You have declared your wish to be *baptized and confirmed
(and for these children / this child to be baptized)*. We therefore
now invite you to respond to Christ's call.

Do you turn to Christ?
I turn to Christ.

Do you repent of your sins?
I repent of my sins.

Do you renounce evil?
I renounce evil.

The bishop says to those who are to be baptized
May God, who has called you out of darkness into light,
restore you in the image of his glory and lead you in the
way of Christ.
Amen.

*If the oil of catechumens is used, the candidates for baptism may be
anointed with it either at this point or while they are being signed
with the cross.*

2 Y Nodi â'r Groes

Â'r esgob rhagddo

Trwy ei groes a'i werthfawr waed, fe brynodd ein Harglwydd
Iesu Grist y byd. Dywedodd wrthym, os oes neb am fod yn
ddilynwyr iddo ef, fod yn rhaid iddynt ymwadu â hwy eu
hunain, codi eu croes, a'i ganlyn ef ddydd ar ôl dydd.

Gwneir arwydd y groes ar dalcen pob un sydd i'w fedyddio.

E, yr wyf yn dy nodi ag arwydd y groes ac yn dy hawlio di
i'n Hiachawdwr Iesu Grist.

Ar ôl i bob ymgeisydd gael ei nodi ag arwydd y groes, â'r
esgob rhagddo

Na fydded *arnoch / arnat* gywilydd byth
i gyffesu ffydd y Crist croeshoeliedig.

Pawb

**Ymladd*wch* yn wrol yn erbyn pechod, y byd a'r diafol,
a bydd*wch* ffyddlon i Grist tra *byddi / byddwch* byw.
Amen.**

3 Cyffesu'r Ffydd

Wrth y fedyddfan, y mae'r esgob yn annerch yr ymgeiswyr
a'u cefnogwyr

Fe'ch gwahoddwn yn awr i gyffesu'r ffydd Gristnogol.

A ydych yn credu yn Nuw Dad, Creawdwr pob peth?
Yr wyf yn credu ac yn ymddiried yn Nuw Dad.

A ydych yn credu yn ei Fab Iesu Grist, Gwaredwr y byd?
Yr wyf yn credu ac yn ymddiried yn Nuw Fab.

A ydych yn credu yn yr Ysbryd Glân, Rhoddwr bywyd?
Yr wyf yn credu ac yn ymddiried yn Nuw'r Ysbryd Glân.

Y mae'r esgob yn annerch y gynulleidfa

Dyma ffydd yr Eglwys.
Dyma ein ffydd ni.
**Yr ydym yn credu ac yn ymddiried yn un Duw,
Tad, Mab ac Ysbryd Glân.**

2 The Signing with the Cross

The bishop continues

By his cross and precious blood, our Lord Jesus Christ
has redeemed the world. He has told us that, if any want
to become his followers, they must deny themselves, take
up their cross and follow him day by day.

*The sign of the cross is made on the forehead of each one who is to be
baptized.*

N, I sign you with the sign of the cross and claim you for
our Saviour Jesus Christ.

*When all the candidates for baptism have been signed with the cross,
the bishop continues*

Never be ashamed to confess the faith of Christ crucified.

All

**Fight valiantly against sin, the world and the devil,
and remain faithful to Christ to the end of your life.
Amen.**

3 The Profession of Faith

At the font, the bishop addresses the candidates and their sponsors

We invite you now to profess the Christian faith.

Do you believe in God the Father, the Creator of all?
I believe and trust in God the Father.

Do you believe in his Son Jesus Christ, the Saviour of the world?
I believe and trust in God the Son.

Do you believe in the Holy Spirit, the Lord, the Giver of life?
I believe and trust in God the Holy Spirit.

The bishop addresses the congregation

This is the faith of the Church.
**This is our faith.
We believe and trust in one God,
Father, Son and Holy Spirit.**

4 Bendithio Dŵr y Bedydd

Defnyddia'r esgob un o'r ffurfiau a ganlyn.

Naill ai

Diolchwn i ti, O Dduw:
bendithiwn dy enw sanctaidd.

Am dy rodd o ddŵr, i feithrin a chynnal pob bywyd,
rhoddwn iti ddiolch a moliant.

Trwy ddyfroedd y môr
arweiniaist blant Israel o gaethwasiaeth i ryddid;
rhoddwn iti ddiolch a moliant.

Ar achlysur ei fedydd,
eneiniwyd dy Fab Iesu â'r Ysbryd Glân;
rhoddwn iti ddiolch a moliant.

Trwy rym yr un Ysbryd, sancteiddia'r dŵr hwn,
fel y bo i'th blant a olchir ynddo
gael eu huno â Christ yn ei farwolaeth a'i atgyfodiad.
Glanha hwy, a'u gwared rhag pob pechod;
dwg hwy i enedigaeth newydd yn nheulu dy Eglwys,
a gwna hwy'n etifeddion dy deyrnas:
trwy Iesu Grist ein Harglwydd,
a gyfodaist, trwy rym yr Ysbryd,
i fyw gyda thi am byth.
Amen.

Neu

Molwch Dduw, a wnaeth nefoedd a daear,
sy'n cadw ei addewid hyd byth.

Dad nefol, diolchwn i ti
am dy gariad yn y cread
ac am y rhodd o ddŵr
i gynnal a glanhau ac adnewyddu pob creadur byw.

Diolchwn iti am y cyfamod a wnaethost
â'th bobl yn y dyddiau a fu;
tywysaist hwy trwy'r môr o gaethwasiaeth i ryddid.

Diolchwn iti am i'th Fab Iesu
gael ei fedyddio gan Ioan yn nyfroedd yr Iorddonen,
a'i eneinio â'r Ysbryd Glân.
Trwy ei farwolaeth ar y groes a'i atgyfodiad,
daeth â maddeuant inni, a'n rhyddhau.

4 The Blessing of the Baptismal Water

The bishop uses one of these forms.

Either

We give thanks to you, O God:
we bless your holy name.

For your gift of water to nourish and sustain all life,
we give you thanks and praise.

Through the waters of the sea
you led the children of Israel from slavery to freedom:
we give you thanks and praise.

At his baptism,
your Son Jesus was anointed with the Holy Spirit:
we give you thanks and praise.

Through the power of that same Spirit, sanctify this water
that your children who are washed in it
may be united with Christ in his death and resurrection.
Cleanse and deliver them from all sin;
bring them to new birth in the family of your Church
and make them inheritors of your kingdom:
through Jesus Christ our Lord
whom, by the power of the Spirit,
you raised to live with you
for ever and ever.
Amen.

Or

Praise God who made heaven and earth:
who keeps his promise for ever.

Heavenly Father, we thank you
for your love in creation
and for the gift of water
to sustain, cleanse and refresh all living creatures.

We thank you for the covenant you made
with your people of old:
you led them through the sea from slavery to freedom.

We thank you that, in the waters of the Jordan,
your Son Jesus was baptized by John
and anointed with the Holy Spirit.
By his death on the cross and his resurrection,
he has brought us forgiveness and set us free.

Diolchwn iti am dy fod yn nyfroedd y bedydd
yn ein glanhau o bechod,
yn ein hadnewyddu â'th Ysbryd
ac yn ein cyfodi i fywyd newydd.

Sancteiddia'r dŵr hwn, fel y bo i'th blant a olchir ynddo
gael eu gwneud yn un â Christ.
Er cyflawni d'addewid
eneinia hwy â'th Ysbryd Glân;
dwg hwy i enedigaeth newydd yn nheulu dy Eglwys,
a dyro iddynt ran yn dy deyrnas:
trwy Iesu Grist ein Harglwydd,
a gyfodaist, trwy rym yr Ysbryd,
i fyw gyda thi am byth.
Amen.

5 Y Bedyddio

Y mae'r esgob yn bedyddio pob ymgeisydd, gan ddweud
E, yr wyf yn dy fedyddio di yn Enw'r Tad a'r Mab a'r
Ysbryd Glân.
Amen.

*Gall yr esgob eneinio gyda chrism ar y corun unrhyw blant bach a
fedyddiwyd, ond nad ydynt i'w conffyrmio, gan ddweud*
Bydded i Dduw, a'th dderbyniodd di trwy fedydd i'w
Eglwys, dywallt arnat olud ei ras. Megis yr eneiniwyd
Crist yn offeiriad, yn broffwyd ac yn frenin, cydffurfier di
beunydd â'i ddelw ef.
Amen.

*Gall yr esgob neu aelod o'r gynulleidfa wisgo pob un sydd newydd ei
fedyddio mewn gwisg wen, gan ddweud*
Gwisgwyd di â Christ a'th gyfodi i fywyd newydd
ynddo ef.

We thank you that in the waters of baptism
you cleanse us from sin,
renew us by your Spirit
and raise us to new life.

Sanctify this water so that your children who are washed in it
may be made one with Christ.
In fulfilment of your promise,
anoint them with your Holy Spirit,
bring them to new birth in the family of your Church
and give them a share in your kingdom:
through Jesus Christ our Lord
whom, by the power of the Spirit,
you raised to live with you
for ever and ever.
Amen.

5 The Baptism

The bishop baptizes each candidate, saying
N, I baptize you in the Name of the Father, and of the Son,
and of the Holy Spirit.
Amen.

*Any small children who have been baptized but are not to be
confirmed on this occasion may be anointed on the crown of the head
with chrism by the bishop, who says*
May God, who has received you by baptism into his
Church, pour upon you the riches of his grace. As Christ
was anointed priest, prophet and king, may you daily be
conformed to his image.
Amen.

*The bishop or a member of the congregation may clothe each of the
newly baptized in a white garment, saying*
You have been clothed with Christ and raised to new life
in him.

6 Cyflwyno'r Goleuni

*Os cynhwysir hyn, gellir ei wneud naill ai yn y fan hon neu ynteu yn
yn y fan a nodir yn Adran 7 isod.*

*Gall yr esgob neu aelod o'r gynulleidfa roi cannwyll wedi ei chynnau
i bob un sydd newydd ei fedyddio.*

Derbyniaist oleuni Crist;
rhodia yn ei oleuni holl ddyddiau dy fywyd.
**Llewyrcha fel goleuni yn y byd
er gogoniant i Dduw'r Tad.**

7 Y Conffyrmio

*Y mae'r esgob yn sefyll ac yn estyn ei ddwylo tuag at yr ymgeiswyr
sydd i'w conffyrmio, ac yn dweud*

Hollalluog a thragwyddol Dduw,
rhoddaist i'th *weision* enedigaeth newydd
mewn bedydd o ddŵr a'r Ysbryd Glân,
a maddeuaist *iddynt eu* holl bechodau.
Tywallt dy Ysbryd Glân *arnynt:*
Ysbryd doethineb a deall;
Ysbryd cyngor a nerth oddi mewn;
Ysbryd gwybodaeth a gwir dduwioldeb;
a bydded *eu* hyfrydwch yn ofn yr Arglwydd.
Amen.

Y mae'r esgob yn annerch pob ymgeisydd wrth ei enw

E, y mae Duw wedi dy alw a'i wneud yn eiddo iddo'i hun.

Rhydd yr esgob ei law ar ben pob ymgeisydd, gan ddweud

Naill ai

Cyfnertha, Arglwydd,
dy *was/wasanaethferch/blentyn* E â'th ras nefol.
ac eneinia *ef/hi* â'th ras;
galluoga *ef/hi* at dy wasanaeth
a'i *g/chadw* yn y bywyd tragwyddol.
Amen.

Neu

Cyfnertha, Arglwydd, dy *was/wasanaethferch* E â'th ras nefol,
er mwyn *iddo/iddi* barhau'n eiddo i ti byth,
a chynyddu beunydd yn dy Ysbryd Glân fwyfwy,
nes *iddo/iddi* ddod i'th deyrnas nefol.
Amen.

6 The Giving of the Light

If included, this may be done either at this point or at the point
indicated in Section 7 below.

The bishop or a member of the congregation may give a lighted
candle to each of the newly baptized.

You have received the light of Christ;
walk in this light all the days of your life.
Shine as a light in the world
to the glory of God the Father.

7 The Confirmation

The bishop, standing, extends his hands towards the candidates for
confirmation and says

Almighty and everlasting God,
you have given your *servants* new birth
in baptism by water and the Holy Spirit,
and have forgiven *them* all *their* sins.
Pour out your Holy Spirit upon *them*:
the Spirit of wisdom and understanding;
the Spirit of counsel and inward strength;
the Spirit of knowledge and true godliness;
and let *their* delight be in the fear of the Lord.
Amen.

The bishop addresses each candidate by name
N, God has called you by name and made you his own.

The bishop lays his right hand on the head of each candidate, saying

Either

Confirm, O Lord, your *servant / child* with your heavenly grace
and anoint *him / her* with your Holy Spirit;
empower *him / her* for your service
and keep *him / her* in eternal life.
Amen.

Or

Confirm, Lord, your servant N with your heavenly grace,
that *he / she* may continue yours for ever,
and daily increase in your Holy Spirit more and more
until *he / she* comes to your everlasting kingdom.
Amen.

4 Y TANGNEFEDD

Gellir darllen brawddeg addas o'r Ysgrythur.

Tangnefedd yr Arglwydd a fyddo gyda chwi bob amser.
A hefyd gyda thi.

Gellir cyfnewid arwydd tangnefedd.

5 CYMUN Y BEDYDD

*Ac eithrio ar yr achlysuron a nodir yn Nodyn Cyffredinol 4, gellir
defnyddio un o'r rhaglithiau a ganlyn:*

... A esgynnodd i'w orsedd nefol ar dy ddeheulaw di;
trwyddo yr wyt yn tywallt
dy Ysbryd Glân ar dy bobl:
Ysbryd doethineb a deall,
Ysbryd cyngor a grym,
Ysbryd gwybodaeth a gwir dduwioldeb
ac ofn yr Arglwydd.

... Trwy ei farwolaeth a'i atgyfodiad
fe'n gwnaeth ni'n blant y goleuni.
Yn y bedydd yr ydym yn cyfranogi o addewid ei ogoniant,
ac fe'n llenwir â llawenydd na dderfydd byth.

... Anfonaist ef i fod yn Waredwr y byd,
ac y mae ef yn ein hanfon ninnau i gyhoeddi'r newyddion da
a hysbysu ffordd y gwirionedd.

*Dylai'r rhai sydd newydd eu conffyrmio dderbyn y Cymun Bendigaid
o flaen aelodau eraill y gynulleidfa.*

Ar ôl y Cymun, bydd y gwasanaeth yn diweddu ag Adran 7.

THE PEACE

An appropriate sentence of Scripture may be read.

The peace of the Lord be with you always.
And also with you.

A sign of peace may be exchanged.

THE BAPTISMAL EUCHARIST

Except on the occasions specified in General Note 4, one of the following prefaces may be used

... Who ascended to his heavenly throne at your right hand
and through whom you pour out
the Holy Spirit upon your people:
the Spirit of wisdom and understanding,
the Spirit of counsel and might,
the Spirit of knowledge and true godliness
and of the fear of the Lord.

... Who, through his death and resurrection
has made us children of the light.
In baptism we share the promise of his glory,
and are filled with a joy that never ends.

... You sent him to be the Saviour of the world,
and he sends us to proclaim the good news
and to make known the way of truth.

The newly confirmed should receive Holy Communion before the other members of the congregation.

After Communion, the service concludes with Section 7.

6

GWEDDÏAU PAN NA FO CYMUN BEDYDD

*Oni weinyddir y Cymun Bendigaid, bydd y gwasanaeth yn diweddu
gyda Gweddi'r Arglwydd, ynghyd ag un neu ragor o weddïau addas
eraill, a dilynir hynny gan y fendith a'r anfon allan yn Adran 7.*

Naill ai
> Gweddïwn yn hyderus ar y Tad:

> **Ein Tad yn y nefoedd,**
> **sancteiddier dy enw,**
> **deled dy deyrnas,**
> **gwneler dy ewyllys,**
> **ar y ddaear fel yn y nef.**
> **Dyro inni heddiw ein bara beunyddiol;**
> **a maddau inni ein troseddau,**
> **fel yr ŷm ni wedi maddau**
> **i'r rhai a droseddodd yn ein herbyn;**
> **a phaid â'n dwyn i brawf,**
> **ond gwared ni rhag yr Un drwg.**

> **Oherwydd eiddot ti yw'r deyrnas**
> **a'r gallu a'r gogoniant**
> **am byth.**
> **Amen.**

Neu
> Fel y dysgodd ein Hiachawdwr ni, gweddïwn yn hyderus:

> **Ein Tad,**
> **yr hwn wyt yn y nefoedd,**
> **sancteiddier dy enw,**
> **deled dy deyrnas,**
> **gwneler dy ewyllys;**
> **megis yn y nef, felly ar y ddaear hefyd.**
> **Dyro i ni heddiw ein bara beunyddiol**
> **a maddau i ni ein dyledion,**
> **fel y maddeuwn ninnau i'n dyledwyr.**
> **Ac nac arwain ni i brofedigaeth;**
> **eithr gwared ni rhag drwg.**

> **Canys eiddot ti yw'r deyrnas,**
> **a'r gallu, a'r gogoniant,**
> **yn oes oesoedd.**
> **Amen.**

PRAYERS WHEN THERE IS NO BAPTISMAL EUCHARIST

*If the Holy Eucharist is not celebrated, the service concludes with the
Lord's Prayer and one or more other appropriate prayers, followed by
the blessing and dismissal from Section 7.*

Either

Let us pray with confidence to the Father:

**Our Father in heaven,
hallowed be your name,
your kingdom come,
your will be done,
on earth as in heaven.
Give us today our daily bread.
Forgive us our sins
as we forgive those
who sin against us.
Save us from the time of trial
and deliver us from evil.**

**For the kingdom, the power
and the glory are yours,
now and for ever.
Amen.**

Or

As our Saviour taught us, we boldly pray:

**Our Father who art in heaven,
hallowed be thy name,
thy kingdom come,
thy will be done,
on earth as it is in heaven.
Give us this day our daily bread.
And forgive us our trespasses
as we forgive those
who trespass against us.
And lead us not into temptation,
but deliver us from evil.**

**For thine is the kingdom,
the power and the glory,
for ever and ever.
Amen.**

Hollalluog a thragwyddol Dduw,
bydded dy law dadol dros dy blant hyn;
bydded dy Ysbryd Glân gyda hwy bob amser;
cyfnertha hwy'n barhaus â Chorff a Gwaed dy Fab;
ac felly arwain
    hwy i wybodaeth o'th Air ac ufudd-dod iddo,
fel y bydd iddynt dy wasanaethu di yn y bywyd hwn
a byw gyda thi byth yn y bywyd sydd i ddod;
trwy Iesu Grist ein Harglwydd.
Amen.

Y mae'r gweddïau ôl-gymun yn Adran 7 yn addas i'w defnyddio yn y fan hon.

Os bedyddiwyd plant bach, gellir ychwanegu gweddïau addas eraill o'r Drefn ar gyfer Bedydd Cyhoeddus Babanod.

Almighty and everlasting God,
let your fatherly hand be over these your children;
let your Holy Spirit ever be with them;
strengthen them continually
      with the Body and Blood of your Son;
and so lead them
      in the knowledge and obedience of your Word,
that they may serve you in this life
and live with you for ever in the life to come;
through Jesus Christ our Lord.
Amen.

*The post-communion prayers from Section 7 are suitable for use at
this point.*

*If small children have been baptized, further appropriate prayers may
be added from the* Order for the Public Baptism of Infants.

7 YR ANFON ALLAN

Gellir defnyddio un o'r gweddïau ôl-gymun a ganlyn.

Naill ai

Hollalluog Dduw, diolchwn i ti
am ein cymdeithas yn nheulu'r ffydd
â phawb a fedyddiwyd yn dy enw:
cadw ni'n ffyddlon i'n bedydd,
a pharatoa ni at y dydd hwnnw
pan berffeithir yr holl greadigaeth
yn dy Fab, ein Gwaredwr Iesu Grist.
Amen.

Neu

**Dragwyddol Dduw,
datgenaist yng Nghrist
lawnder pwrpas dy gariad:
bydded inni fyw trwy ffydd,
rhodio mewn gobaith
a chael ein hadnewyddu gan dy gariad,
nes bod y byd yn adlewyrchu dy ogoniant di,
a thithau'n oll yn oll.
Boed felly; tyrd, Arglwydd Iesu!
Amen.**

Gellir cyflwyno'r fendith ag un o'r canlynol.

Naill ai

Yn y bedydd fe'n cleddir gyda Christ
a'n cyfodi i fywyd newydd ynddo ef.
Bydded i chwi oll ddod i adnabod ei lawenydd mewn
bywyd o wasanaeth a moliant.
Amen.

Yn y bedydd fe'n hadnewyddir
gan ras iachaol yr Ysbryd Glân.
Bydded i ffrwyth yr Ysbryd dyfu a chynyddu o'ch mewn.
Amen.

Yn y bedydd fe'n hachubir a'n hiacháu;
fe'n hadnewyddir a maddeuir inni.
Bydded ichwi gyhoeddi ar air ac esiampl
y newyddion da am gariad Duw yng Nghrist.
Amen.

THE SENDING OUT

One of the following post-communion prayers may be used.

Either

Almighty God, we thank you
for our fellowship in the household of faith
with all those baptized in your name:
keep us faithful to our baptism,
and make us ready for that day
when the whole creation shall be made perfect
in your Son, our Saviour Jesus Christ.
Amen.

Or

Eternal God,
you have declared in Christ
the fulness of your purpose of love:
may we live by faith,
walk in hope
and be renewed in love,
until the world reflects your glory,
and you are all in all.
Even so; come, Lord Jesus!
Amen.

The blessing may be introduced with one of the following.

Either

In baptism we are buried with Christ
and raised to new life in him.
May you all know his joy in lives of service and praise.
Amen.

In baptism we are renewed
by the healing grace of the Holy Spirit.
May the fruit of the Spirit grow and flourish in you.
Amen.

In baptism we are ransomed, healed, restored and forgiven.
May you proclaim by word and example
the good news of God's love in Christ.
Amen.

Neu

Bydded i Dduw tangnefedd, a ddygodd yn ôl oddi wrth
y meirw ein Harglwydd Iesu, Bugail mawr y defaid,
trwy waed y cyfamod tragwyddol, eich cyflawni â phob
daioni i wneud ei ewyllys ef, gan lunio ynoch yr hyn sy'n
gymeradwy iddo, trwy Iesu Grist, y byddo'r gogoniant
iddo byth bythoedd …

Neu

Bydded i'r Hollalluog Dduw, a roddodd inni'r
fuddugoliaeth trwy atgyfodiad ein Harglwydd Iesu Grist,
roi i chwi lawenydd a thangnefedd wrth gredu …

Neu

Bydded i Dduw'r Tad, y cyfodwyd Crist oddi wrth y
meirw trwy ei ogoniant, eich cryfhau i rodio gydag ef yn
ei fywyd atgyfodedig …

[a] bendith Duw Hollalluog,
y Tad, y Mab a'r Ysbryd Glân
a fo yn eich plith ac a drigo gyda chwi yn wastad.
Amen.

*Oni wnaed hyn yn y fan a nodwyd yn gynharach yn y gwasanaeth,
gall yr esgob neu aelod o'r gynulleidfa yn awr roi cannwyll wedi ei
chynnau i bob un sydd newydd ei fedyddio.*

Derbyniaist oleuni Crist;
rhodia yn ei oleuni holl ddyddiau dy fywyd.
Llewyrcha fel goleuni yn y byd
er gogoniant i Dduw'r Tad.

Ewch mewn tangnefedd i garu a gwasanaethu'r Arglwydd.
Yn enw Crist. Amen.

Neu, yn nhymor y Pasg

Ewch mewn tangnefedd i garu a gwasanaethu'r Arglwydd.
Alelwia! Alelwia!
Yn enw Crist. Alelwia! Alelwia!

*Gall yr esgob arwain y rhai sydd newydd eu bedyddio a'u conffyrmio
drwy'r eglwys.*

Or

The God of peace who brought back from the dead our
Lord Jesus, the great Shepherd of the sheep, through the
blood of the eternal covenant, make you perfect in every
good deed to do his will, creating in you that which is
pleasing to him, through Jesus Christ, to whom be glory
for ever …

Or

Almighty God, who through the resurrection of our Lord
Jesus Christ has given us the victory, give you joy and
peace in believing …

Or

God the Father, by whose glory Christ was raised from
the dead, strengthen you to walk with him in his risen
life …

[and] the blessing of God almighty,
the Father, the Son, and the Holy Spirit,
be among you and remain with you always.
Amen.

*If this was not done at the point indicated earlier in the service, the
bishop or a member of the congregation may now give a lighted
candle to each of the newly baptized.*

You have received the light of Christ;
walk in this light all the days of your life.
**Shine as a light in the world
to the glory of God the Father.**

Go in peace to love and serve the Lord.
In the name of Christ. Amen.

Or, in Eastertide

Go in peace to love and serve the Lord. Alleluia! Alleluia!
In the name of Christ. Alleluia! Alleluia!

*The bishop may lead the newly baptized and confirmed through
the church.*

ATODIADAU

i *BEDYDDIO MEWN ARGYFWNG*

Mewn argyfwng, onid oes gweinidog ordeiniedig ar gael, gall person lleyg weinyddu bedydd.

Cyn bedyddio, dylai'r gweinidog ofyn am enw'r person sydd i'w fedyddio. Os oes amheuaeth, am ba reswm bynnag, ynglŷn â'r enw, gellir gweinyddu'r bedydd heb enw (ar yr amod y gellir cofnodi'n gywir pwy yn union a fedyddiwyd).

Y mae'r ffurf a ganlyn yn ddigonol.

Y mae'r gweinidog yn tywallt dŵr ar y sawl sydd i'w fedyddio, gan ddweud
    Yr wyf yn dy fedyddio di yn Enw'r Tad a'r Mab
    a'r Ysbryd Glân.
    Amen.

Yna gall pawb ddweud Gweddi'r Arglwydd a'r Gras.

Rhaid i bwy bynnag a weinyddodd fedydd preifat mewn argyfwng hysbysu offeiriad y plwyf yn ddi-oed.

Cofnodir y bedydd yng nghofrestr y bedyddiadau yn y modd arferol.

Os bydd byw y sawl a fedyddiwyd yn y dull hwn, dylai ef/hi ddod, neu gael ei dd/dwyn, i'r eglwys. Dylid defnyddio Adrannau 1, 2, 3(1)–(3) a 4–7 yn y Drefn ar gyfer Bedydd gyda Chonffyrmasiwn [Bedydd Esgob], ond gyda'r newidiadau a ganlyn.

Yn Adran 1, dywed y gweinidog wrth y gynulleidfa
    Yr ydym yn croesawu *E*, a fedyddiwyd ac sy'n dod yn awr
    i gymryd ei *le/lle* yng nghwmni pobl Dduw. A wnewch
    chwi eich gorau i'w *g/chynnal* yn ei *f/bywyd* yng Nghrist?
    Gyda chymorth Duw, fe wnawn.

Yn syth ar ôl Adran 3(3), gellir defnyddio'r weddi o Adran 3(5), sy'n dechrau 'Bydded i Dduw, a'th dderbyniodd di trwy fedydd ...', a gellir eneinio'r sawl a fedyddiwyd â chrism ar y corun. Gellir hefyd roi gwisg wen amdano/i, gan ddweud y geiriau yn Adran 3(5) sy'n cyd-fynd â'r weithred honno.

Gellir hefyd ddefnyddio Adran 3(6).

Wedi eu paratoi'n gymwys, dylid dod â phawb a fedyddiwyd yn y dull hwn at yr esgob i'w conffyrmio.

APPENDICES

i *EMERGENCY BAPTISM*

In an emergency, if no ordained minister is available, a lay person may be the minister of baptism.

Before baptizing, the minister should ask the name of the person to be baptized. If, for any reason, there is uncertainty as to the person's name, the baptism can be properly administered without a name (so long as the identity of the person baptized can be duly recorded).

The following form is sufficient.

The minister pours water on the person to be baptized, saying
I baptize you in the Name of the Father, and of the Son, and of the Holy Spirit.
Amen.

Then all may say the Lord's Prayer and the Grace.

Any person who has administered baptism privately in an emergency must notify the parish priest without delay.

The customary record is entered in the baptismal register.

If the person baptized in this way lives, he/she should come or be brought to church. Sections 1, 2, 3(1)–(3) and 4–7 of the Order for Baptism with Confirmation *should be used, with the following changes.*

In Section 1, the minister says to the congregation
We welcome *N*, who has been baptized and now comes to take *his/her* place in the company of God's people. Will you do your best to uphold *him/her* in *his/her* life in Christ?
With the help of God we will.

Immediately after Section 3(3), the prayer from Section 3(5) beginning 'May God, who has received you by baptism ...' *may be used, and the person may be anointed on the crown of the head with chrism. The person may also be clothed with a white garment while the words accompanying this action in Section 3(5) are said.*

Section 3(6) may also be used.

All persons baptized in this way should be brought to be confirmed by the bishop after due preparation.

DERBYN A CHROESAWU YMGEISWYR AR GYFER BEDYDD A CHONFFYRMASIWN

Nid yw'r weithred hon o dderbyn a chroesawu yn orfodol. Os defnyddir hi, dylai ddigwydd yn ystod gweithred o addoliad cyhoeddus, yn ddelfrydol yn ystod y Cymun Bendigaid ar y Sul. Yn y Cymun Bendigaid, daw o flaen Credo Nicea. Yn y Foreol neu'r Hwyrol Weddi, gall gymryd lle'r ymbiliau.

Y mae'r gweinidog yn annerch y rhai sydd i'w bedyddio a'u conffyrmio
Beth yr ydych yn ei ofyn gan Eglwys Dduw?
Yr wyf yn gofyn am gael fy medyddio a'm conffyrmio.
Pam yr ydych yn gofyn am gael eich bedyddio a'ch conffyrmio?
Am fod arnaf eisiau bod yn ddisgybl i Iesu Grist.
Pam fod arnoch eisiau bod yn ddisgybl i Iesu Grist?
Am fod Iesu Grist yn Arglwydd.

Y mae'r gweinidog yn annerch cefnogwyr yr ymgeiswyr
Y mae'r ymgeiswyr hyn wedi gofyn am gael eu bedyddio a'u conffyrmio. A ydych chwi yn barod i wneud eich rhan i'w paratoi, trwy weddi ac anogaeth ac esiampl dda?
Ydym.

Y mae'r gweinidog yn annerch y gynulleidfa
Y mae'r ymgeiswyr hyn *yn awr yn cychwyn / wedi cychwyn* ar eu ffordd i'w bedyddio a'u conffyrmio. Bydd arnynt angen cefnogaeth ein gweddïau a'n cariad. A wnewch chwi roi y gefnogaeth honno iddynt?
Gwnawn.

Y mae'r gweinidog yn annerch y rhai sydd i'w conffyrmio
Beth yr ydych yn ei ofyn gan Eglwys Dduw?
Yr wyf yn gofyn am gael fy nghonffyrmio.
Pam yr ydych yn gofyn am gael eich conffyrmio?
Er mwyn imi gael fy nghyfnerthu gan yr Ysbryd Glân.
Pam yr ydych yn ceisio'r nerth hwnnw?
I'm cynorthwyo i fod yn ddisgybl ffyddlon i Iesu.

Y mae'r gweinidog yn annerch cefnogwyr yr ymgeiswyr
Y mae'r ymgeiswyr hyn wedi gofyn am gael eu conffyrmio. A ydych chwi yn barod i wneud eich rhan i'w paratoi, trwy weddi ac anogaeth ac esiampl dda?
Ydym.

i ADMISSION AND WELCOME OF CANDIDATES FOR BAPTISM AND CONFIRMATION

The use of this act of admission and welcome is optional. If used, it should take place during an act of public worship, ideally at the Holy Eucharist on a Sunday. At the Holy Eucharist, it precedes the Nicene Creed. At Morning and Evening Prayer, it may replace the intercessory prayers.

The minister addresses those to be baptized and confirmed
What do you ask of the Church of God?
I ask to be baptized and confirmed.
Why do you ask to be baptized and confirmed?
Because I want to be a disciple of Jesus Christ.
Why do you want to be a disciple of Jesus Christ?
Because Jesus Christ is Lord.

The minister addresses the candidates' sponsors
These candidates have asked to be baptized and confirmed. Are you willing to play your part in their preparation through your prayers, encouragement and good example?
We are.

The minister addresses the congregation
These candidates *are now setting out / have set out* on the road to baptism and confirmation. They will need the support of our prayers and love. Will you give them that support?
We will.

The minister addresses those to be confirmed
What do you ask of the Church of God?
I ask to be confirmed.
Why do you ask to be confirmed?
That I may be strengthened by the Holy Spirit.
Why do you seek that strength?
That I may be a faithful disciple of Jesus.

The minister addresses the candidates' sponsors
These candidates have asked to be confirmed. Are you willing to play your part in their preparation through your prayers, encouragement and good example?
We are.

Y mae'r gweinidog yn annerch y gynulleidfa

Y mae'r ymgeiswyr hyn *yn awr yn cychwyn / wedi cychwyn* ar eu ffordd i'w conffyrmio. Bydd arnynt angen cefnogaeth ein gweddïau a'n cariad. A wnewch chwi roi y gefnogaeth honno iddynt?

Gwnawn.

Dywed y gweinidog wrth yr ymgeiswyr

Trwy ei groes a'i werthfawr waed, fe brynodd ein Harglwydd Iesu Grist y byd. Dywedodd wrthym, os oes neb am fod yn ddilynwyr iddo ef, fod yn rhaid iddynt ymwadu â hwy eu hunain, codi eu croes, a'i ganlyn ef ddydd ar ôl dydd.

Gwna'r gweinidog arwydd y groes (gydag olew disgyblion bedydd, os dymunir) ar dalcen pob un sydd i'w fedyddio a'i gonffyrmio, gan ddweud wrth bob un

E, derbyn arwydd y groes. Bydded i Grist ein Hiachawdwr dy amddiffyn a'th gyfarwyddo.

Amen.

Gwna'r gweinidog arwydd y groes ar dalcen pob un sydd i'w gonffyrmio, gan ddweud wrth bob un

E, derbyn arwydd y groes. Bydded i Grist ein Hiachawdwr, a'th hawliodd di iddo'i hun pan fedyddiwyd di, dy amddiffyn a'th gyfarwyddo.

Amen.

Ar ôl nodi pob ymgeisydd ag arwydd y groes, â'r gweinidog rhagddo

Yr wyf yn eich derbyn yn ymgeiswyr ar gyfer *bedydd a* c[h]onffyrmasiwn. Bydded i'r Arglwydd eich bendithio a'ch cadw; bydded i'r Arglwydd lewyrchu ei wyneb arnoch a bod yn drugarog wrthych; bydded i'r Arglwydd edrych yn gariadus arnoch a rhoi i chwi ei dangnefedd.

Amen.

Y mae cynrychiolydd o'r gynulleidfa yn croesawu'r ymgeiswyr

Yr ydym yn eich croesawu'n llawen yn gyd-ddisgyblion i Iesu, gan weddïo y bydd i chwi, gyda ni, ddod i adnabod Crist yn well bob dydd, ac y bydd ichwi geisio byw'r bywyd Cristnogol.

Gall cynrychiolydd arall o'r gynulleidfa gyflwyno copïau o efengyl i'r ymgeiswyr, gan ddweud

Derbyniwch y llyfr hwn. Mae'n cynnwys y newyddion da am gariad Duw. Bydded yn gyfarwyddyd i chwi.

The minister addresses the congregation

These candidates *are now setting out / have set out* on the road to confirmation. They will need the support of our prayers and love. Will you give them that support?

We will.

The minister says to the candidates

By his cross and precious blood, our Lord Jesus Christ has redeemed the world. He has told us that, if any want to become his followers, they must deny themselves, take up their cross and follow him day by day.

The minister makes the sign of the cross, using the oil of catechumens if desired, on the forehead of each one who is to be baptized and confirmed, saying to each

N, receive the sign of the cross. May Christ our Redeemer protect and guide you.

Amen.

The minister makes the sign of the cross on the forehead of each one who is to be confirmed, saying to each

N, receive the sign of the cross. May Christ our Redeemer, who in your baptism claimed you for his own, protect and guide you.

Amen.

When all the candidates have been signed with the cross, the minister continues

I admit you as candidates for *baptism and* confirmation. The Lord bless you and keep watch over you; the Lord's face shine on you and be gracious to you; the Lord look lovingly on you and give you peace.

Amen.

A representative of the congregation welcomes the candidates

We welcome you joyfully as fellow disciples of Jesus, praying that with us you will come to know Christ more fully day by day and that you will try to live the Christian life.

Another representative of the congregation may present copies of a gospel to the candidates, saying

Receive this book. It contains the good news of God's love. Take it as your guide.

Dylid cynnwys gweddïau addas dros yr ymgeiswyr yn yr Ymbiliau, er enghraifft

Bydded i Dduw'r Tad ddatguddio fwyfwy ei Grist iddynt gyda phob dydd a â heibio.

Bydded iddynt ymgymryd yn haelfrydig â pha beth bynnag y gall yr Arglwydd ei ofyn ganddynt.

Bydded i'w calonnau, a'n calonnau ninnau, ymateb yn well i anghenion eraill.

Bydded iddynt gael eu cadw rhag pob digalondid ac ofn.

Wedi eu glanhau oddi wrth eu pechodau a'u cyfnerthu â'r Ysbryd Glân a'u maethu â bara'r bywyd, bydded iddynt ddod i adnabod Crist yn well, ei garu'n anwylach a'i ganlyn yn nes.

iii CREDO'R APOSTOLION

Ar adeg addas wrth eu paratoi, gellir cyflwyno'n ffurfiol Gredo'r Apostolion i'r ymgeiswyr am fedydd a/neu gonffyrmasiwn.

Os gwneir hyn yn ystod y Cymun Bendigaid, dylai Credo'r Apostolion gymryd lle Credo Nicea.

Y mae'r gweinidog yn annerch yr ymgeiswyr

Frodyr a chwiorydd, gwrandewch yn ofalus ar eiriau Credo'r Apostolion. Fe'i lluniwyd yn ystod y canrifoedd cynharaf yn grynodeb o'r Ffydd Gristnogol ar gyfer y rhai a gâi eu derbyn i'r Eglwys. Llefara wrthym am gariad mawr Duw at y byd.

Y mae'r ymgeiswyr yn gwrando tra dywedir Credo'r Apostolion.

Dywed y gweinidog

Dduw sanctaidd a ffyddlon a digyfnewid,
helaetha ein meddyliau â gwybodaeth o'th wirionedd,
a dena ni'n ddyfnach i ddirgelwch dy gariad,
fel y bydd inni dy wir addoli di, Dad, Mab ac Ysbryd Glân,
un Duw, yn awr a byth.
Amen.

Suitable petitions for the candidates should be included in the
Intercession, for example

> May God the Father reveal his Christ to them more and
> more with every passing day.

> May they undertake with generosity whatever the Lord
> may ask of them.

> May their hearts and ours become more responsive to the
> needs of others.

> May they be preserved from all discouragement and fear.

> Cleansed from their sins, strengthened by the Holy Spirit
> and nourished with the bread of life, may they come to
> know Christ more clearly, to love him more dearly and to
> follow him more nearly.

THE APOSTLES' CREED

At an appropriate stage in their preparation, the Apostles' Creed
may be formally passed on to the candidates for baptism and / or
confirmation.

If this is done at the Holy Eucharist, the Apostles' Creed should on
this occasion replace the Nicene Creed.

The minister addresses the candidates

> Brothers and sisters, listen carefully to the words of the
> Apostles' Creed. It was formed in the earliest centuries as
> a summary of the Christian Faith for those being received
> into the Church. It speaks to us of God's great love for
> the world.

The candidates listen while the Apostles' Creed is said.

The minister says

> Holy God,
> faithful and unchanging,
> enlarge our minds with the knowledge of your truth
> and draw us more deeply into the mystery of your love,
> that we may truly worship you, Father, Son and Holy Spirit,
> one God, now and for ever.
> **Amen.**

YMBILIAU DROS YR YMGEISWYR.

Ar achlysur addas, fel y mae diwrnod y bedydd a'r conffyrmasiwn yn nesáu, gellir defnyddio'r Ymbiliau a ganlyn

Gweddïwn ar yr Arglwydd dros yr ymgeiswyr am *fedydd a* c[h]onffyrmasiwn, a throsom ein hunain, ar inni oll gael ein hadnewyddu gan ras Duw a chael cyd-gyfranogi yn y llawenydd o fod yn ddisgyblion.

Ar i'r ymgeiswyr am *fedydd a* c[h]onffyrmasiwn wrthod o ddifrif bopeth yn eu bywydau sy'n digio Crist ac sy'n groes i'w natur, gweddïwn arnat, O Arglwydd.
Arglwydd, trugarha.

Ar i'r rhai sy'n eu hyfforddi yn y ffydd Gristnogol gyfleu iddynt wirionedd dy air, gweddïwn arnat, O Arglwydd.
Arglwydd, trugarha.

Ar i'w cefnogwyr fod yn esiamplau byw o'r Efengyl, gweddïwn arnat, O Arglwydd.
Arglwydd, trugarha.

Ar inni oll gynyddu mewn cariad a gweddïo'n gyson, gweddïwn arnat, O Arglwydd.
Arglwydd, trugarha.

Ar inni rannu ag eraill y llawenydd a gawsom yn ein ffydd, gweddïwn arnat, O Arglwydd.
Arglwydd, trugarha.

Ar i'r rhai sy'n petruso ymddiried yng Nghrist ddod o hyd iddo mewn cymdeithas â ni, gweddïwn arnat, O Arglwydd.
Arglwydd, trugarha.

Yna gellir dweud un o'r gweddïau a ganlyn, neu'r ddwy ohonynt, fel y bo'n addas.

Dros yr ymgeiswyr am fedydd a chonffyrmasiwn

O Dad, trwy Iesu dy Fab caniateaist inni gael ein geni o'r newydd yn yr Ysbryd. Bendithia dy weision hyn wrth iddynt baratoi yn ddifrif at eu bedydd a'u conffyrmasiwn. Sancteiddia hwy mewn paratoad at dy ddoniau, fel y cânt eu geni o'r newydd yn blant i ti ac y deuant yn etifeddion dy deyrnas ac yn aelodau o'th Eglwys: trwy Iesu Grist ein Harglwydd.
Amen.

INTERCESSION FOR THE CANDIDATES

On a suitable occasion as the day of baptism and confirmation
approaches, the following Intercession may be used

Let us pray to the Lord for the candidates for *baptism*
and confirmation and for ourselves, that we all may be
renewed by God's grace and together share the joy of
discipleship.

That the candidates for *baptism and* confirmation may
sincerely reject everything in their lives that is displeasing
and contrary to Christ, we pray to you, O Lord.
Lord, have mercy.

That those who are instructing them in the Christian faith
may convey to them the truth of your word, we pray to
you, O Lord.
Lord, have mercy.

That their sponsors may be living examples of the Gospel,
we pray to you, O Lord.
Lord, have mercy.

That we all may grow in love and be constant in prayer,
we pray to you, O Lord.
Lord, have mercy.

That we may share with others the joy we have found in
our faith, we pray to you, O Lord.
Lord, have mercy.

That, in fellowship with us, those who hesitate to trust in
Christ may find him, we pray to you, O Lord.
Lord, have mercy.

One or both of the following prayers is then said, as appropriate.

For the candidates for baptism and confirmation

Father, through Jesus your Son you have granted us
new birth in the Spirit. Bless these your servants as they
earnestly prepare for their baptism and confirmation.
Sanctify them in preparation for your gifts, that they
may be reborn as your children and be made inheritors
of your kingdom and members of your Church: through
Jesus Christ our Lord.
Amen.

Dros yr ymgeiswyr am gonffyrmasiwn

O Dad, bendithia dy weision hyn a fedyddiwyd â dŵr a'r
Ysbryd Glân, fel y bo iddynt ddyfalbarhau i ddilyn Crist.
Goleua hwy â'th bresenoldeb, a dyro iddynt lawenydd
wrth iddynt dy addoli a'th wasanaethu di: trwy Iesu Grist
ein Harglwydd.
Amen.

V YMRWYMO I FYWYD A GWASANAETH CRISTNOGOL A CHYFFESU'R FFYDD

*Yn unol ag amgylchiadau bugeiliol, gellir defnyddio ffurf o
Ymrwymiad i Fywyd a Gwasanaeth Cristnogol a/neu ffurf o Gyffesu'r
Ffydd naill ai ar achlysuron addas (e.e., ar y Pasg) gyda'r holl
gynulleidfa, neu gydag unigolion sydd eisoes wedi eu bedyddio a'u
conffyrmio.*

*Pan wneir Ymrwymiad i Fywyd a Gwasanaeth Cristnogol a/neu
Gyffes Ffydd yn ystod y Cymun Bendigaid, gellir defnyddio un o'r
ffurfiau a ddarperir ar gyfer cyffesu'r ffydd yn lle Credo Nicea.*

*Pan fydd y gynulleidfa gyfan wedi gwneud Ymrwymiad i Fywyd
a Gwasanaeth Cristnogol a/neu Gyffes Ffydd, gellir taenellu
dŵr y bedydd dros y bobl, neu gellir gwahodd aelodau unigol o'r
gynulleidfa i fynegi eu hymrwymiad i Grist trwy fynd at y dŵr a
gwneud arwydd y groes ag ef ar eu talcen.*

Ffurfiau ar gyfer Ymrwymo i Fywyd a Gwasanaeth Cristnogol

1

A ydych yn troi at Grist?
Yr wyf yn troi at Grist.

A ydych yn edifarhau am eich pechodau?
Yr wyf yn edifarhau am fy mhechodau.

A ydych yn ymwrthod â'r drwg?
Yr wyf yn ymwrthod â'r drwg.

> Father, bless these your servants who have been baptized
> by water and the Holy Spirit, that they may persevere
> in following Christ. Enlighten them with your presence,
> and give them joy as they worship and serve you: through
> Jesus Christ our Lord.
> **Amen.**

COMMITMENT TO CHRISTIAN LIFE AND SERVICE AND AFFIRMATION OF FAITH

*In accordance with pastoral circumstances, a form for Commitment
to Christian Life and Service and/or a form for Affirmation of Faith
may be used either on appropriate occasions (e.g., at Easter) with
the whole congregation, or with individuals who have already been
baptized and confirmed.*

*When acts of Commitment to Christian Life and Service and/or
Affirmation of Faith are made at the Holy Eucharist, one of the forms
provided for affirmation may be used in place of the Nicene Creed.*

*After corporate acts of Commitment to Christian Life and Service
and/or Affirmation of Faith, the people may be sprinkled with
baptismal water. Alternatively, members of the congregation may be
invited to express their continuing commitment to Christ by going to
the water and making the sign of the cross with it on their foreheads.*

Forms for Commitment to Christian Life and Service

1

> Do you turn to Christ?
> **I turn to Christ.**
>
> Do you repent of your sins?
> **I repent of my sins.**
>
> Do you renounce evil?
> **I renounce evil.**

2

Gellir defnyddio'r canlynol yn unigol, neu eu cyfuno fel y bo'n addas.

a

A ydych yn ymwrthod â'r diafol ac â phob gwrthryfel yn
erbyn Duw?
Yr wyf yn ymwrthod â hwy.
A ydych yn ymwrthod â thwyll a llygredd pechod?
Yr wyf yn ymwrthod â hwy.
A ydych yn edifarhau am y pechodau sy'n ein gwahanu
oddi wrth Dduw a'n cymydog?
Yr wyf yn edifarhau amdanynt.

b

A ydych yn troi at Grist yn Waredwr?
Yr wyf yn troi at Grist.
A ydych yn ymostwng i Grist yn Arglwydd?
Yr wyf yn ymostwng i Grist.
A ydych yn dyfod at Grist, y ffordd a'r gwirionedd a'r bywyd?
Yr wyf yn dyfod at Grist.

c

Yr wyf yn ateb galwad Duw fy Nghreawdwr.
Yr wyf yn ymddiried yn Iesu Grist yn Waredwr imi.
Yr wyf yn ceisio bywyd newydd o'r Ysbryd Glân.

3

A wnewch chwi ddyfalbarhau yn nysgeidiaeth a chymdeithas
yr apostolion, yn y torri bara ac yn y gweddïau?
Gwnaf, gyda chymorth Duw.
A wnewch chwi ddyfalbarhau i wrthsefyll y drwg, a, pha
pryd bynnag y syrthiwch i bechod, edifarhau a dychwelyd
at yr Arglwydd?
Gwnaf, gyda chymorth Duw.
A wnewch chwi gyhoeddi ar air ac esiampl newyddion da
Duw yng Nghrist?
Gwnaf, gyda chymorth Duw.
A wnewch chwi geisio a gwasanaethu Crist ym mhawb,
gan garu eich cymydog fel chwi eich hun?
Gwnaf, gyda chymorth Duw.
A wnewch chwi ymdrechu am gyfiawnder a heddwch i
bawb, a pharchu urddas pob bod dynol?
Gwnaf, gyda chymorth Duw.

2

The following may be used separately or in combination, as appropriate.

a

Do you reject the devil and all rebellion against God?
I reject them.
Do you renounce the deceit and corruption of evil?
I renounce them.
Do you repent of the sins that separate us from God
and neighbour?
I repent of them.

b

Do you turn to Christ as Saviour?
I turn to Christ.
Do you submit to Christ as Lord?
I submit to Christ.
Do you come to Christ, the way, the truth and the life?
I come to Christ.

c

I answer the call of God my Creator.
I trust in Jesus Christ as my Saviour.
I seek new life from the Holy Spirit.

3

Will you continue in the apostles' teaching and fellowship,
in the breaking of bread and in the prayers?
I will, with God's help.
Will you persevere in resisting evil and, whenever you
fall into sin, repent and return to the Lord?
I will, with God's help.
Will you proclaim by word and example the good news
of God in Christ?
I will, with God's help.
Will you seek and serve Christ in all people, loving your
neighbour as yourself?
I will, with God's help.
Will you strive for justice and peace among all people,
and respect the dignity of every human being?
I will, with God's help.

Ffurfiau ar gyfer Cyffesu'r Ffydd

1

A ydych yn credu yn Nuw Dad, Creawdwr pob peth?
Yr wyf yn credu ac yn ymddiried yn Nuw Dad.

A ydych yn credu yn ei Fab Iesu Grist, Gwaredwr y byd?
Yr wyf yn credu ac yn ymddiried yn Nuw Fab.

A ydych yn credu yn yr Ysbryd Glân, Rhoddwr bywyd?
Yr wyf yn credu ac yn ymddiried yn Nuw'r Ysbryd Glân.

Dyma ffydd yr Eglwys.
Dyma ein ffydd ni.
Yr ydym yn credu ac yn ymddiried yn un Duw,
Tad, Mab ac Ysbryd Glân.

2

Naill ai

a

A ydych yn credu yn Nuw y Tad?
Credaf yn Nuw, y Tad hollalluog,
Creawdwr nef a daear.

A ydych yn credu yn Iesu Grist, Mab Duw?
Credaf yn Iesu Grist, ei Fab ef, ein Harglwydd ni.
Fe'i cenhedlwyd drwy rym yr Ysbryd Glân
a'i eni o'r Wyryf Mair.
Dioddefodd dan Pontius Pilat,
fe'i croeshoeliwyd, bu farw, ac fe'i claddwyd.
Disgynnodd i blith y meirw.
Ar y trydydd dydd fe atgyfododd.
Fe esgynnodd i'r nefoedd,
ac y mae'n eistedd ar ddeheulaw'r Tad.
Fe ddaw drachefn i farnu'r byw a'r meirw.

A ydych yn credu yn Nuw yr Ysbryd Glân?
Credaf yn yr Ysbryd Glân,
yr Eglwys sanctaidd gatholig,
cymundeb y saint,
maddeuant pechodau,
atgyfodiad y corff,
a'r bywyd tragwyddol.
Amen.

Dyma ffydd yr Eglwys.
Dyma ein ffydd ni.
Yr ydym yn credu ac yn ymddiried yn un Duw,
Tad, Mab ac Ysbryd Glân.

Forms for Affirmation of Faith

1

Do you believe in God the Father, the Creator of all?
I believe and trust in God the Father.

Do you believe in his Son Jesus Christ, the Saviour of the world?
I believe and trust in God the Son.

Do you believe in the Holy Spirit, the Lord, the Giver of life?
I believe and trust in God the Holy Spirit.

This is the faith of the Church.
This is our faith.
We believe and trust in one God,
Father, Son and Holy Spirit.

2
Either
a

Do you believe in God the Father?
I believe in God, the Father almighty,
Creator of heaven and earth.

Do you believe in Jesus Christ, the Son of God?
I believe in Jesus Christ, his only Son, our Lord,
who was conceived by the Holy Spirit,
born of the Virgin Mary,
suffered under Pontius Pilate,
was crucified, died, and was buried;
he descended to the dead.
On the third day he rose again;
he ascended into heaven,
he is seated at the right hand of the Father,
and he will come to judge the living and the dead.

Do you believe in God the Holy Spirit?
I believe in the Holy Spirit,
the holy catholic Church,
the communion of saints,
the forgiveness of sins,
the resurrection of the body,
and the life everlasting.
Amen.

This is the faith of the Church.
This is our faith.
We believe and trust in one God,
Father, Son and Holy Spirit.

A ydych yn credu yn Nuw y Tad?
**Yr wyf yn credu ac yn ymddiried yn Nuw Dad,
a greodd bopeth sydd.**

A ydych yn credu yn Iesu Grist, Mab Duw?
**Yr wyf yn credu ac yn ymddiried yn ei Fab Iesu Grist,
a brynodd ddynolryw.**

A ydych yn credu yn Nuw yr Ysbryd Glân?
**Yr wyf yn credu ac yn ymddiried yn ei
Ysbryd Glân, sy'n rhoi bywyd i bobl Dduw.**

**Yr wyf yn credu ac yn ymddiried yn un
Duw, Tad, Mab ac Ysbryd Glân.
Amen.**

Dyma ffydd yr Eglwys.
**Dyma ein ffydd ni.
Yr ydym yn credu ac yn ymddiried yn un Duw,
Tad, Mab ac Ysbryd Glân.**

3

A ydych yn credu ac yn ymddiried yn Nuw y Tad,
Ffynhonnell pob bod a bywyd,
yr Un yr ydym yn bodoli er ei fwyn?
Yr wyf yn credu ac yn ymddiried ynddo.

A ydych yn credu ac yn ymddiried yn Nuw y Mab,
a gymerodd ein natur ni,
a fu farw drosom ac a atgyfododd?
Yr wyf yn credu ac yn ymddiried ynddo.

A ydych yn credu ac yn ymddiried yn Nuw'r Ysbryd Glân,
sy'n rhoi bywyd i bobl Dduw,
ac yn hysbysu Crist i'r byd?
Yr wyf yn credu ac yn ymddiried ynddo.

Dyma ffydd yr Eglwys.
**Dyma ein ffydd ni.
Yr ydym yn credu ac yn ymddiried yn un Duw,
Tad, Mab ac Ysbryd Glân.**

Do you believe in God the Father?
**I believe and trust in God the Father,
who created all that is.**

Do you believe in Jesus Christ, the Son of God?
**I believe and trust in his Son, Jesus Christ,
who redeemed humankind.**

Do you believe in God the Holy Spirit?
**I believe and trust in his Holy Spirit,
who gives life to the people of God.**

**I believe and trust in one God,
Father, Son and Holy Spirit.
Amen.**

This is the faith of the Church.
**This is our faith.
We believe and trust in one God,
Father, Son and Holy Spirit.**

3

Do you believe and trust in God the Father,
Source of all being and life,
the One for whom we exist?
I believe and trust in him.

Do you believe and trust in God the Son,
who took our human nature,
died for us and rose again?
I believe and trust in him.

Do you believe in God the Holy Spirit,
who gives life to the people of God
and makes Christ known in the world?
I believe and trust in him.

This is the faith of the Church.
**This is our faith.
We believe and trust in one God,
Father, Son and Holy Spirit.**

Gweddïau

Ar ôl gweithred unigol o ymrwymiad a/neu gyffes ffydd

O Arglwydd, edrych gyda ffafr ar dy *was/wasanaethferch*
E. Dyro *iddo/iddi* ddewrder ac amynedd a gweledigaeth;
a chyfnertha ni oll yn ein galwedigaeth Gristnogol, trwy
Iesu Grist ein Harglwydd ac yng ngrym dy Ysbryd.
Amen.

Ar ôl gweithred gorfforaethol o ymrwymiad a/neu gyffes ffydd

Un o'r canlynol

Bydded i Dduw hollalluog, Tad ein Harglwydd Iesu Grist,
a barodd ein geni ni o'r newydd trwy ddŵr a'r Ysbryd
Glân, ac a faddeuodd inni ein pechodau, ein cadw trwy
ei ras yn y bywyd tragwyddol, yng Nghrist Iesu ein
Harglwydd.
Amen.

Hollalluog Dduw, diolchwn i ti
am ein cymdeithas yn nheulu'r ffydd
â phawb a fedyddiwyd yn dy enw:
cadw ni'n ffyddlon i'n bedydd,
a pharatoa ni at y dydd hwnnw
pan berffeithir yr holl greadigaeth
yn dy Fab, ein Gwaredwr Iesu Grist.
Amen.

Dragwyddol Dduw,
datgenaist yng Nghrist
lawnder pwrpas dy gariad:
bydded inni fyw trwy ffydd,
rhodio mewn gobaith
a chael ein hadnewyddu gan dy gariad,
nes bod y byd yn adlewyrchu dy ogoniant di,
a thithau'n oll yn oll.
Boed felly; tyrd, Arglwydd Iesu!
Amen.

Prayers

After an individual act of commitment and/or affirmation

Lord, look with favour on your servant N. Give *him/her*
courage, patience and vision; and strengthen us all in our
Christian calling, through Jesus Christ our Lord and in
the power of your Spirit.
Amen.

After a corporate act of commitment and/or affirmation

One of the following

May almighty God, the Father of our Lord Jesus Christ,
who has given us a new birth by water and the Holy
Spirit, and bestowed upon us the forgiveness of sins, keep
us in eternal life by his grace, in Christ Jesus our Lord.
Amen.

Almighty God, we thank you
for our fellowship in the household of faith
with all those baptized in your name:
keep us faithful to our baptism,
and make us ready for that day
when the whole creation shall be made perfect
in your Son, our Saviour Jesus Christ.
Amen.

Eternal God,
you have declared in Christ
the fulness of your purpose of love:
may we live by faith,
walk in hope,
and be renewed in love,
until the world reflects your glory,
and you are all in all.
Even so; come, Lord Jesus!
Amen.

vi *DATHLU AR ÔL GWASANAETH BEDYDD*
A / NEU GONFFYRMASIWN Y TU ALLAN I'R PLWYF

Pan weinyddwyd Bedydd a / neu Gonffyrmasiwn y tu allan i'r plwyf,
fe all y bydd yn addas i'r gynulleidfa arferol gydnabod y newid
pwysig hwn. Gellir defnyddio'r dathliad byr hwn naill ai fel y nodir
isod yn y Cymun Bendigaid neu yn y Foreol neu'r Hwyrol Weddi. Yn
y ddau achos olaf, gall gymryd lle'r Ymbiliau.

Ar ôl Credo Nicea, y mae'r offeiriad yn gofyn i'r rhai a fedyddiwyd
ac / neu a gonffyrmiwyd ddod ymlaen. Y mae'r offeiriad yn annerch y
gynulleidfa
    Rhoddwn ddiolch heddiw gyda *E ac E* am eu *bedydd a'u*
    conffyrmasiwn yn ddiweddar.

Yn achos plant bach a fedyddiwyd yn rhywle arall, dywed yr offeiriad
    Rhoddwn ddiolch heddiw gyda *E ac E* am fedydd eu *plant,*
    E ac E yn ddiweddar.

Â'r offeiriad rhagddo
    A wnewch chwi eu cynnal *[gynnal y plant hyn]* yn eu
    bywyd newydd yng Nghrist? A wnewch chwi weddïo
    drostynt *[dros eu rhieni a'u rhieni bedydd]*, a'u hannog i
    ddilyn Crist?
    Gyda chymorth Duw, fe wnawn.

Dylid defnyddio gweddi neu weddïau addas yn ystod yr Ymbiliau, er
enghraifft
    Gweddïwn dros *E ac E*, ar iddynt barhau i gynyddu yng
    ngras Crist, ar iddynt gymryd eu lle yng nghymdeithas dy
    bobl, ac adlewyrchu dy ogoniant yn y byd.

[Ar ôl bedydd plant bach]
    Dyro ras i rieni a rhieni bedydd y *plant hyn* ac i bawb sy'n
    gyfrifol am *eu* tywys ar lwybr ffydd.

Ar ôl yr Ymbiliau, y mae'r offeiriad yn annerch y rhai sydd newydd
gael eu bedyddio a / neu eu conffyrmio
    Rhoddwn ddiolch gyda chwi heddiw, ac fe'ch cyfarchwn
    mewn llawenydd.
    Yr ydym yn gydaelodau o'r Eglwys, Corff Crist,
    yn blant i'r un Tad nefol
    ac yn etifeddion teyrnas Dduw.

Y mae'r Tangnefedd yn dilyn.

CELEBRATION AFTER AN INITIATION SERVICE OUTSIDE THE PARISH

When Baptism and/or Confirmation have been celebrated outside the parish, it may be appropriate for the regular congregation to acknowledge this important transition. This short celebration may be used either as indicated below at the Holy Eucharist or at Morning or Evening Prayer. In the latter case, it may replace the intercessory prayers.

After the Nicene Creed, the priest asks those who have been baptized and/or confirmed to come forward. The priest addresses the congregation

> We give thanks today with *N and N* for *their* recent *baptism and* confirmation.

In the case of small children who have been baptized elsewhere, the priest says

> We give thanks today with *N and N* for the recent baptism of *their children N and N.*

The priest continues

> Will you uphold them *[these children]* in their new life in Christ? Will you pray for them *[their parents and godparents]* and encourage them in following Christ?
> **With the help of God, we will.**

A suitable petition or petitions should be used in the Intercession, for example

> We pray for *N and N*, that *they* may continue to grow in the grace of Christ, take *their* place in the company of your people and reflect your glory in the world.

[After the baptism of small children]

> Give grace to the parents and godparents of *these children* and to all who are responsible for guiding *them* in the way of faith.

After the Intercession, the priest addresses the recently baptized and/or confirmed

> We give thanks with you today and greet you with joy.
> **We are members together of the Church,**
> > **the Body of Christ,**
> **children of the same heavenly Father**
> **and inheritors of the kingdom of God.**

The Peace follows.

ACKNOWLEDGEMENTS

Thanks are due to the following for permission to reproduce copyright material in this book:

The Church of England: collect 'Heavenly Father…' (pp. 21, 67), 'You have received…' (pp. 33, 79), prayer 'Faithful and loving God…' (p. 39), prayer 'God of grace and life…' (p. 41), prayer 'Eternal God…' (pp. 41, 87), prayer 'Almighty God, we thank you…' (p. 87), Commitment to Christian Life and Service, form 2 (p. 103): from *Common Worship: Services and Prayers for the Church of England* copyright © The Archbishops' Council of the Church of England, 2000; reproduced by permission; 'N and N are preparing…'† (p. 53), 'Eternal and loving God…'† (p. 55), 'N, receive the sign…' (p. 95), 'N, receive this book…'* (p. 95), first three petitions of the Intercessions (p. 97), 'Holy God…' (p. 97): from *Common Worship: Christian Initiation* copyright © The Archbishops' Council of the Church of England, 2006; reproduced by permission.

The English Language Liturgical Consultation: Affirmation of Faith, form 2 (pp. 105, 107), Affirmation of Faith, form 3 (p. 107): the English Language Liturgical Consultation © 1988, used with permission.

The Episcopal Church in the USA: Commitment to Christian Life and Service, Form 3 (p. 103), 'May almighty God…' (p. 109): from the Book of Common Prayer of the Episcopal Church, 1979.

The Rt Revd Dr David Stancliffe: 'N, God has called you…' (p. 79).

* indicates that the material has been slightly modified
† indicates that the material has been substantially modified

ATGYNHYRCHU

Gellir defnyddio darnau o'r testun, sydd hefyd ar gael ar CD, i gynhyrchu llyfryn gwasanaeth ar gyfer eglwysi unigol, ar yr amod fod enw'r eglwys neu'r plwyf neu sefydliad arall yn cael ei ddangos yn glir ar y clawr neu'r dudalen flaen. Ni chaniateir gwerthu i drydydd person na rhoi yn ei feddiant ddeunydd a argraffwyd yn y modd hwn. Bydd angen cynnwys y gydnabyddiaeth a ganlyn:

    Allan o *Gwasanaethau Bedydd a Chonffyrmasiwn* © Gwasg yr Eglwys
    yng Nghymru 2007, defnyddiwyd trwy ganiatâd.

Ni chaniateir unrhyw ddefnydd arall.

REPRODUCTION

Extracts of the text, also obtainable from the CD, may be used in the production of service material for own use, provided that the name of the church, parish or other institution is clearly shown on the first page or cover. Such printed material may not be sold to or otherwise acquired by third parties. An acknowledgement will be required as follows:

    From *Services for Christian Initiation* © Church in Wales Publications
    2007, used with permission.

Any other use is not permitted.